Ulrich Parzany
Jesus vertrauen – aus gutem Grund
Gottes klare Zusagen für unser Leben entdecken

.

ULRICH PARZANY

JESUS
VERTRAUEN –
aus gutem Grund

Gottes <u>klare Zusagen</u>
für unser Leben entdecken

»Auf alle Gottesverheißungen
ist in Jesus Christus das Ja;
darum sprechen wir auch durch ihn das Amen,
Gott zur Ehre.«

Paulus
2. Korinther 1,20

SCM

Stiftung Christliche Medien

SCM Hänssler ist ein Imprint der SCM Verlagsgruppe, die zur Stiftung
Christliche Medien gehört, einer gemeinnützigen Stiftung, die sich
für die Förderung und Verbreitung christlicher Bücher, Zeitschriften,
Filme und Musik einsetzt.

© 2021 SCM Hänssler in der SCM Verlagsgruppe GmbH
Max-Eyth-Straße 41 · 71088 Holzgerlingen
Internet: www.scm-haenssler.de; E-Mail: info@scm-haenssler.de

Die Bibelverse sind, wenn nicht anders angegeben,
folgender Ausgabe entnommen:
Lutherbibel, revidiert 2017, © 2016 Deutsche Bibelgesellschaft, Stuttgart

Umschlaggestaltung: Stephan Schulze, Holzgerlingen
Satz: typoscript GmbH, Walddorfhäslach
Druck und Bindung: GGP Media GmbH, Pößneck
Gedruckt in Deutschland
ISBN 978-3-7751-6100-8
Bestell-Nr. 396.100

Inhalt

FRAGE 1

Haben wir Gott vergessen?

»Sie haben Gott vergessen. Und sie haben vergessen, dass sie Gott vergessen haben.« So beschrieb ein Beobachter die Einstellung vieler Menschen in Deutschland zum Glauben an Gott. Gott ist für viele kein Thema. Sie sind nicht gegen ihn. Sie wüssten nicht einmal, wogegen sie sein sollten. Aus den auch nicht mehr so ganz neuen Bundesländern Deutschlands wird berichtet, dass jemand gefragt wurde: »Sind Sie Christ oder Atheist?« Er soll geantwortet haben: »Weder noch. Ganz normal.«

Ganz normal heißt: Gott ist kein Thema. Gott kommt in seinem Leben nicht vor. Er hat sich nie gegen Gott entschieden. Schon die Großeltern sind aus der Kirche ausgetreten. Er braucht Gott nicht. Und er vermisst ihn nicht. Ihm fehlt nichts.

Was soll man darauf sagen?

Meine Antwort: »Mag sein, dass du sogar vergessen hast, dass du Gott vergessen hast. Ich habe eine Überraschung für dich: Gott hat dich nicht vergessen. Und daran möchte ich dich erinnern.« Das ist ein Zweck dieses Buches.

Viele scheinen zu meinen, dass Gott nicht existiert, wenn sie nicht an ihn glauben. Sie hätten recht, wenn Gott nur ein Produkt unseres Denkens und unserer Wünsche wäre. Dann würde er eben nur in unserer Vorstellung existieren. Wie ein Bild, das von einem

Beamer auf die Leinwand projiziert wird. Wenn der Beamer ausgeschaltet wird, ist auch kein Bild mehr auf der Leinwand.

Mit unseren Gottesvorstellungen ist das so eine Sache. Sie sind wie die Bilder, mit denen wir unsere Wohnungen schmücken. Wir haben sie selbst ausgesucht. Sie gefallen uns. Sie passen irgendwie zu unserem Leben. Sie sind nicht die tragenden Mauern des Hauses. Sie sind Dekoration. Manche mögen kahle Wände und hängen sich keine Bilder auf. Geschmackssache.

Manche lieben abstrakte Gottesbilder. Für diese Menschen gibt es Gottesbilder, die von klugen Leuten erdacht wurden: Gott ist das höchste Gut, der unbewegte Beweger, der Grund allen Seins. Manche nennen Gott ein höheres Wesen oder eine höhere Macht. Vielleicht hat er die Welt gemacht wie ein Uhrmacher eine Uhr. Jetzt läuft die Uhr ohne den Uhrmacher. So oder ähnlich sehen die Gottesbilder aus, die in Europa seit etwa 300 Jahren in Mode sind. Diese Gottesvorstellungen sagen, dass Gott mit unserem Leben aktuell nichts zu tun hat. Er greift nicht in die Geschichte ein. Auch nicht in unser persönliches Leben.

Viele ziehen daraus verständlicherweise die Konsequenz, dass man eine solche Vorstellung von Gott gar nicht braucht. Es reiche völlig aus, sich mit den Gesetzmäßigkeiten vertraut zu machen, nach denen Natur und Geschichte und unser Leben funktionieren.

Interessanterweise hat Gott sich zu diesem Thema selbst zu Wort gemeldet. Die Zehn Gebote beginnen mit einer Selbstvorstellung Gottes.

Ich bin der HERR, dein Gott, der ich dich aus Ägyptenland, aus der Knechtschaft, geführt habe. Du sollst keine anderen Götter haben neben mir.

2. Mose 20,2-3

Das in großen Buchstaben geschriebene HERR gibt in der Übersetzung Martin Luthers wieder, dass hier im hebräischen Urtext der Gottesname JAHWE steht. Damit folgte Luther der jüdischen Tradition. Juden wollten den Namen Gottes auch beim Lesen des Bibeltextes nicht aussprechen – aus Furcht, sie könnten ihn missbrauchen.

Gott offenbart sich am Sinai Mose und dem Volk Israel mit Namen. Er will persönlich bekannt und angesprochen werden. Er will zu Israel gehören – »dein Gott«. Diese Zugehörigkeit beweist Gott durch die Befreiung seines Volkes Israel aus der Knechtschaft in Ägypten. Seine Liebe ist also kein gedachtes Prinzip, sondern die eine Wirklichkeit, die sich in Gottes Handeln in der Geschichte offenbart.

Nennen wir diesen ersten Satz der Zehn Gebote getrost die Liebeserklärung Gottes an sein Volk Israel. Aus dieser Liebeserklärung folgt der Bundesschluss mit Israel am Sinai. Die Zehn Gebote sind die Regeln für das Leben in diesem Bund, den Gott gestiftet hat.

Weil Gott sich offenbart hat, kennen die Israeliten den Schöpfer der Welt. Darum müssen und sollen sie keinen anderen Göttern dienen. Es folgt logischerweise das zweite Gebot:

> Du sollst dir kein Bildnis noch irgendein Gleichnis machen, weder von dem, was oben im Himmel, noch von dem, was unten auf Erden, noch von dem, was im Wasser unter der Erde ist: Bete sie nicht an und diene ihnen nicht! Denn ich, der HERR, dein Gott, bin ein eifernder Gott, der die Missetat der Väter heimsucht bis ins dritte und vierte Glied an den Kindern derer, die mich hassen, aber Barmherzigkeit erweist an vielen Tausenden, die mich lieben und meine Gebote halten.
>
> *2. Mose 20,4-6*

Wenn Gott sich nicht offenbart, bleibt uns nichts anderes übrig, als uns unsere eigenen Vorstellungen davon zu machen, ob es ihn gibt und wenn ja, wie er sein könnte. Die Bildergalerie reicht so weit wie das Vorstellungsvermögen der Menschen. Bei allem Respekt vor menschlichen Versuchen – sie führen uns immer nur zu uns selbst zurück. Unsere Vorstellungen sind nicht größer als unser Gehirn, das sie produziert.

Die Bibel beurkundet uns die Offenbarung des lebendigen Gottes. Wir dürfen ihn mit Namen kennen und anrufen. Das dritte der Zehn Gebote warnt uns vor dem Missbrauch des Namens Gottes durch gedankenloses Geschwätz oder magischen Missbrauch.

> Du sollst den Namen des HERRN, deines Gottes, nicht missbrauchen; denn der HERR wird den nicht ungestraft lassen, der seinen Namen missbraucht.
>
> *2. Mose 20,7*

Das scharfe Verbot des Missbrauchs unterstreicht das wunderbare Angebot des rechten Gebrauchs im vertrauensvollen, ehrfürchtigen Gebet. Gott will tatsächlich, dass sein Volk Nöte und Sorgen, aber auch Freude und Dank in Gebeten persönlich ausdrückt.

Aber gilt das alles nicht nur dem Volk Israel? Die namentliche Offenbarung Gottes ging an Mose. Israel erlebte die wunderbare Retterliebe und Macht Gottes, als es aus der Knechtschaft in Ägypten geführt wurde. Der Bund am Sinai wurde mit dem Volk Israel geschlossen. Gilt das auch uns, wenn wir nicht zum Volk Israel gehören?

Schon bei der Berufung Abrahams hat Gott angekündigt:

Ich will segnen, die dich segnen, und verfluchen, die
dich verfluchen; und in dir sollen gesegnet werden alle
Geschlechter auf Erden.

1. Mose 12,3

Die Geschichte Gottes mit Israel geht von Abraham über Mose und
den König David zum Messias Jesus von Nazareth. Gott befiehlt
Josef und Maria, dass sie das Kind Jesus nennen sollen. Jesus ist die
griechisch gesprochene Form des hebräischen Namens Jeschua.
Jeschua bedeutet »JAHWE rettet«. Gott offenbart sich also auch
in Jesus mit seinem Namen. Er will, dass wir alle ihn persönlich
kennen und anreden. Im Alten und im Neuen Testament finden
wir das Versprechen Gottes:

Wer den Namen des HERRN anrufen wird, der soll erret-
tet werden.

Joel 3,5; Apostelgeschichte 2,21; Römer 10,13

Die Einladung gilt allen Menschen auch außerhalb des Volkes
Israel. Wir dürfen durch Jesus Christus Gott persönlich kennen.
Die Einladung richtet sich auch an alle, die Gott vergessen haben.

Sicher ist, dass viele Fragen, die wir Menschen stellen, durch
Jesus beantwortet werden. Ich werde das in diesem Buch noch aus-
führen. Noch wichtiger aber ist, dass wir zur Kenntnis nehmen:
Gott stellt Fragen an uns. Er tut es, seitdem Menschen ihm den
Rücken gekehrt haben. Er ruft den ersten Menschen, der sich auf
der Flucht vor Gott versteckt: »Wo bist du?« (1. Mose 3,9). Er fragt
den Brudermörder Kain: »Wo ist dein Bruder Abel?« (1. Mose 4,9).
Klar, solche Fragen wollen wir nicht hören. Wir haben andere Inte-

ressen und andere Fragen. Aber wer sich Gottes Fragen stellt, wird vielleicht entdecken, dass seine eigenen Fragen verändert werden.

Ich habe die spöttische Kritik immer wieder gehört: »Die Christen beantworten Fragen, die keiner stellt.« Auch Christen merken das selbstkritisch an. Sie bemühen sich dann mithilfe der Psychologie darum, die Fragen zu finden, die Menschen wirklich bewegen. Wollen wir nicht alle geliebt werden? Sehnen wir uns nicht nach Wertschätzung und Anerkennung? Wünschen wir uns nicht alle Gemeinschaft, die uns stärkt, aber nicht erdrückt? Suchen wir nicht alle Hilfe in unseren Ängsten? Suchen wir nicht alle Heilung von körperlichen und seelischen Krankheiten?

Wenn wir in die Bibel schauen, sehen wir, dass Jesus vielen Hilfe suchenden Menschen aus ihren Nöten geholfen hat. Also ist es richtig, wenn Christen sich um die Nöte ihrer Mitmenschen kümmern. Jesus aber beließ es nicht bei der erbetenen Hilfe.

Durch die vielen Heilungen und andere wunderbare Hilfen wurde Jesus sehr beliebt. Die Leute wollten ihn sogar zum König machen, lesen wir in Johannes 6,15. Aber Jesus entzieht sich diesem Wunsch. Er erklärt ihnen, dass er durch Hingabe seines Lebens zum Brot des Lebens für die Menschen werden muss. Das kommt gar nicht gut an. Die Massen wenden sich enttäuscht von ihm ab. Sie verstehen nicht, was er will.

Jesus arbeitete nicht wie ein Kaufmann nach dem Prinzip von Nachfrage und Angebot. Wer Waren anbietet, die keiner will, bleibt darauf sitzen. Jesus macht das Angebot der Versöhnung des gottvergessenen Menschen mit Gott, obwohl es eigentlich keiner zu brauchen meint. Er bleibt bei seinem Angebot. Und auch seine Boten wie der Apostel Paulus bleiben bei diesem Angebot:

Gott war in Christus und versöhnte die Welt mit ihm selber ... Darum bitten wir an Christi Statt: Lasst euch versöhnen mit Gott!

2. Korinther 5,19-20

Bei diesem Angebot bleibe ich auch in diesem Buch. Ich möchte viele Fragen beantworten, die Menschen heute stellen. Aber ich möchte gleich zu Anfang darauf hinweisen: Wir Boten des Evangeliums von Jesus sind keine Händler, die Kunden gewinnen wollen. Darum leitet uns auch nicht der Grundsatz »Der Kunde ist König«.

Meine eigene Erfahrung ist, dass Jesus Antworten gibt, die bei mir die notwendigen Fragen wecken und viele meiner Fragen in eine neue Richtung gelenkt haben. Natürlich wünsche ich mir, dass Sie, meine Leser, sich auf diese Erfahrung ebenfalls einlassen. Testen wir das gleich mit der nächsten Frage: Wer bin ich?

FRAGE 2

Wer bin ich?

Ich schaue in einen Spiegel, wenn ich wissen will, wie ich aussehe. Aber bin ich der, den ich im Spiegel sehe? »Wer bin ich – und wenn ja, wie viele?«, betitelte der Philosoph und Journalist Richard David Precht vor Jahren ein Buch, das ein Bestseller wurde. Ziemlich abgefahrener Titel, finde ich.

Wenn man sich bei Facebook anmeldet, kann man nicht nur zwischen Mann und Frau, sondern zwischen über 60 Geschlechtern wählen. In der englischen Version sogar über 70. Verwirrend, oder?

Der Spiegel des Wortes Gottes hilft uns aus diesem Durcheinander. Bereits im ersten Kapitel der Bibel sagt Gott, wer wir Menschen nach dem Willen unseres Schöpfers sind:

> Und Gott sprach: Lasset uns Menschen machen, ein Bild, das uns gleich sei, die da herrschen über die Fische im Meer und über die Vögel unter dem Himmel und über das Vieh und über alle Tiere des Feldes und über alles Gewürm, das auf Erden kriecht. Und Gott schuf den Menschen zu seinem Bilde, zum Bilde Gottes schuf er ihn; und schuf sie als Mann und Frau. Und Gott segnete sie

und sprach zu ihnen: Seid fruchtbar und mehret euch und füllet die Erde und machet sie euch untertan.

1. Mose 1,26-28

Der Mensch ist als Ebenbild, als Spiegelbild Gottes geschaffen. Das bedeutet nicht, dass wir wie Gott aussehen oder er wie wir. Aber wir sind das Gegenüber Gottes, wie ein Spiegelbild dem gegenüber ist, der in den Spiegel schaut. Das unterscheidet uns Menschen von allen anderen Geschöpfen in Gottes Schöpfung. Wir sind Gottes Gegenüber. Er spricht zu uns. Wir dürfen ihm antworten. Er beauftragt uns als Geschäftsführer über seine Schöpfung. Gott ist der Eigentümer. Wir seine Geschäftsführer. Er hat uns einen Auftrag gegeben. Wir sind ihm verantwortlich für die Ausführung. Wir sollen über die Welt herrschen. Das heißt nicht, sie rücksichtslos zu plündern. Wir sollen sie als den Garten Gottes bebauen und bewahren (1. Mose 2,15).

Der Schöpfer beauftragt uns Menschen nicht nur, er segnet uns auch. Er selbst will den Weg weisen, Kraft geben und schützen.

Und noch eins: Zur Gottebenbildlichkeit gehört, dass der Mensch als Mann und Frau geschaffen wurde. Die Unterschiedlichkeit und Gemeinschaft von Mann und Frau sind vom Schöpfer so gewollt, damit die Menschen Kinder bekommen können und so am Leben schaffenden Wirken des Schöpfers teilhaben.

Wenn wir in den Spiegel des Wortes Gottes schauen, erkennen wir, wer wir sind. Oder doch nicht? Wir erkennen, wie wir sein sollten. Wir erkennen, wie wir gewesen sind, bevor sich die ersten Menschen gegen ihre Berufung auflehnten. Sie wollten nicht nur Geschäftsführer Gottes über die Welt, sie wollten Eigentümer der Welt sein. Sein wie Gott! Die Bibel berichtet auch von dieser ersten großen Versuchung, der Menschen nachgegeben haben. Sie wollten es besser wissen als der Schöpfer (1. Mose 3). Und diese Besserwisserei ist unser Hauptproblem bis heute.

Wir wollen unser Leben selbst bestimmen. Mein Bauch gehört mir. Meine Zeit, mein Geld – alles gehört mir. Niemand hat das Recht, darüber zu bestimmen.

Wir alle wissen, wie erbittert um diese Selbstbestimmung gekämpft wird. Am Anfang und am Ende des Lebens erleben wir die härtesten Auseinandersetzungen. Muss es ein Recht der Frauen auf Abtreibung geben? Muss nicht jeder das Recht haben, sein Leben zu beenden, wann er will? Dieses Recht hat das Bundesverfassungsgericht in Deutschland gerade (2020) grundsätzlich festgestellt. Ein Dammbruch, meinen viele Christen. Ich auch.

Es wird zwar von vielen auch in der Politik davon geredet, dass sie ihr Handeln am »christlichen Menschenbild« orientieren wollen. Zum christlichen Menschenbild gehört, dass jeder Mensch Ebenbild Gottes ist, dass er dem Schöpfer verantwortlich ist und dass Gott uns in der Unterschiedlichkeit und für die Gemeinschaft als Mann und Frau geschaffen hat. Jesus hat das ausdrücklich bestätigt:

Habt ihr nicht gelesen, dass der Schöpfer sie am Anfang schuf als Mann und Frau und sprach (1. Mose 2,24): ›Darum wird ein Mann Vater und Mutter verlassen und an seiner Frau hängen, und die zwei werden ein Fleisch sein‹? So sind sie nun nicht mehr zwei, sondern ein Fleisch. Was nun Gott zusammengefügt hat, das soll der Mensch nicht scheiden!

Matthäus 19,4-6

Die Ehe ist nach christlichem Verständnis die von Gott gewollte Lebensgemeinschaft von einem Mann und einer Frau. Sie ist also nicht eine unter vielen Lebensformen, die wir wählen.

Mir ist bewusst, dass diese Aussagen im Widerspruch zu den Ansichten stehen, die in vielen Ländern auch durch staatliche Gesetzgebung Geltung haben. Das ist für uns Christen in den vom Christentum geprägten Ländern des Westens eine schmerzliche Entwicklung. In der Geschichte der weiten Welt ist das nichts Neues. Christen haben von Anfang an nach dem Wort Gottes gelebt und sich damit sehr oft im Gegensatz zu den Anschauungen und Gesetzen der Mehrheitsgesellschaft befunden. Sie haben die Konsequenzen getragen, auch wenn sie schmerzhaft waren.

Sie haben aber nie darauf verzichtet, den Menschen das Evangelium zu sagen. Evangelium ist die gute Nachricht, dass sich Gott, der Schöpfer und Erhalter der Welt, in Jesus Christus offenbart hat. Wir dürfen nicht nur wissen, dass er existiert. Wir dürfen auch wissen, wie sehr er uns liebt. Wir dürfen begreifen, dass er in Jesus in die Welt gekommen ist, um uns mit sich zu versöhnen. Unsere selbstherrliche Besserwisserei will er uns vergeben. Wir dürfen Kinder Gottes sein. Wir dürfen wieder als Gottes Geschäftsführer unter seinem Segen und nach seinen Wegweisungen unser Leben in der Welt führen.

Wir können wissen, wer wir sind, wenn wir in den Spiegel des Wortes Gottes schauen. Wenn wir das tun, werden wir auch die Welt neu sehen. Dabei können wir das viele Unrecht und Leid unmöglich übersehen. Schnell stellt sich die nächste Frage.

FRAGE 3

Warum lässt Gott das alles zu?

Was alles? Das Sterben von Kindern, das Elend der Flüchtlinge in Kriegen, die bestialischen Folterungen in Gefängnissen und Straflagern, den Terror der Fanatiker, die Seuchen, die Hungersnöte, Erdbeben und Flutkatastrophen, die Willkür der Diktatoren, die Vergewaltigungen, die Ausbeutung der Machtlosen, die Schmerzen der Kranken und Sterbenden, die Depressionen und Selbstmorde, das Fressen und Gefressen-Werden. Warum lässt Gott das alles zu?

Stellen wir die Frage als Betroffene oder als Zuschauer? Wer klagt und fragt, weil er vom Leid im eigenen Leben und dem Leben anderer Menschen getroffen und verwundet ist, hat Gott an seiner Seite. Jesus schreit am Kreuz mit den Worten aus Psalm 22:

> Mein Gott, mein Gott, warum hast du mich verlassen?
>
> *Psalm 22,2; Matthäus 27,46*

Niemand darf diesen Schrei verbieten oder verurteilen.

Eine andere Sache ist es, wenn jemand als unbeteiligter Zuschauer das Elend der Menschen als wohlfeiles Argument gegen den Glauben an Gott gebraucht, ohne auch nur ernsthaft eine Antwort zu suchen und zu erwarten, auch ohne sich um die Linderung des

Leidens zu bemühen. Für solche Frager gibt es in der Bibel unvermutet schroffe Antworten.

Das überraschendste Wort in der Bibel finde ich beim Propheten Amos. Er wirkte in der ersten Hälfte des 8. Jahrhunderts vor Christus im Norden Israels. In Amos 3,6 lesen wir die herausfordernde Frage:

> Geschieht etwa ein Unglück in der Stadt, und der HERR hat es nicht getan?

Gott lässt das Unglück nicht nur zu, er tut es. Keinen Augenblick versucht Amos zu erklären, dass Unglück nicht von Gott kommen könnte.

Im Psalm 46 lesen wir:

> Gott ist unsre Zuversicht und Stärke, eine Hilfe in den großen Nöten, die uns getroffen haben. Darum fürchten wir uns nicht, wenngleich die Welt unterginge.
>
> *Psalm 46,2 ff.*

Ausgerechnet in diesem Vertrauenspsalm lesen wir auch:

> Kommt her und schauet die Werke des HERRN, der auf Erden solch ein Zerstören anrichtet, der den Kriegen ein Ende macht in aller Welt, der Bogen zerbricht, Spieße zerschlägt und Wagen mit Feuer verbrennt. Seid stille und erkennet, dass ich Gott bin!
>
> *Psalm 46,9-11*

In Diskussionen über diese Warum-Frage spüre ich oft die Erwartung, dass ich Gott verteidigen müsste. Gott muss doch gut sein und kann nichts Böses tun, oder? Es kommt mir ziemlich lächerlich vor, wenn jemand versucht, Gott so zu verteidigen. »Der tut nichts.« Das sagt ein Hundehalter, wenn jemand vor seinem großen Hund Angst hat. Soll ich im Ernst Gott auf diese Weise verteidigen, damit die Menschen ihn lieb finden?

Die Vorstellung vom sogenannten »lieben Gott« ist – mit Verlaub gesagt – eine gotteslästerliche Karikatur moderner Zeitgenossen. Sie meinen, Gott müsse sich nach ihren Vorstellungen anständig benehmen, wenn sie an ihn glauben sollten. Demgegenüber gilt der Satz:

> Irret euch nicht! Gott lässt sich nicht spotten. Denn was
> der Mensch sät, das wird er ernten.
>
> *Galater 6,7*

Im Buch Hiob lesen wir, dass Gott dem Satan erlaubt, den gottesfürchtigen und gerechten Hiob mit entsetzlichem Leiden zu quälen und auf die Probe zu stellen. Zunächst sagt Hiob noch:

> Haben wir Gutes empfangen von Gott und sollten das
> Böse nicht auch annehmen?
>
> *Hiob 2,10*

Dann aber verflucht er den Tag seiner Geburt. Freunde Hiobs kommen, um ihm beizustehen. Das Beste, was sie machen:

... und saßen mit ihm auf der Erde sieben Tage und sieben Nächte und redeten nichts mit ihm; denn sie sahen, dass der Schmerz sehr groß war.

Hiob 2,13

Dann aber reden sie wie die Wasserfälle frommes Zeug – insgesamt neun lange Kapitel! Zum Schluss sagt Gott zu Elifas von Teman, einem der Freunde:

Mein Zorn ist entbrannt über dich und über deine beiden Freunde; denn ihr habt nicht recht von mir geredet wie mein Knecht Hiob.

Hiob 42,7

Gott befiehlt ihnen, Brandopfer darzubringen, um ihre Sünde zu bekennen, und Hiob um Fürbitte zu bitten. Gott streicht damit alle ihre frommen Reden durch. Ungültig.

Auf eine Beantwortung der Warum-Frage warten wir im Buch Hiob vergeblich. Stattdessen stellt Gott dem Hiob herausfordernde Fragen. So begegnet Hiob dem lebendigen Gott auf neue Weise. Seine Reaktion:

Ich hatte von dir nur vom Hörensagen vernommen; aber nun hat mein Auge dich gesehen. Darum gebe ich auf und bereue in Staub und Asche.

Hiob 42,5 ff.

Auch Jesus reagiert auf die Erwartungen von Menschen überraschend. Zwei verschiedene Reaktionen von Jesus werden in den Evangelien berichtet.

Im Lukasevangelium 13,1-5 lesen wir:

> Es waren aber zu der Zeit einige da, die berichteten Jesus von den Galiläern, deren Blut Pilatus mit ihren Opfern vermischt hatte. Und er antwortete und sprach zu ihnen: Meint ihr, dass diese Galiläer mehr gesündigt haben als alle andern Galiläer, weil sie das erlitten haben? Ich sage euch: Nein; sondern wenn ihr nicht Buße tut, werdet ihr alle ebenso umkommen. Oder meint ihr, dass die achtzehn, auf die der Turm von Siloah fiel und erschlug sie, schuldiger gewesen seien als alle andern Menschen, die in Jerusalem wohnen? Ich sage euch: Nein; sondern wenn ihr nicht Buße tut, werdet ihr alle ebenso umkommen.

Was Schreckliches geschehen ist, können wir nur aus diesem Bericht erschließen. Der Gouverneur Pilatus hat offensichtlich mit einem brutalen Einsatz von Soldaten galiläische Pilger im Tempel umbringen lassen, als sie ihre Opfer darbrachten. Wie kann Gott ein solches Verbrechen im Heiligtum zulassen? Die Fragesteller scheinen geglaubt zu haben, dass die Galiläer furchtbar gesündigt haben müssten, wenn ihnen das zu Recht geschah. Wenn das Geschehen aber keine Strafe Gottes für die Galiläer war, warum wird dann Pilatus nicht für seine frevelhafte Entweihung des Heiligtums von Gott bestraft?

Jesus liefert keine Erklärung. Er dreht den Spieß um.

… wenn ihr nicht Buße tut, werdet ihr alle ebenso umkommen.

Die Katastrophe in Siloah muss allen Anwesenden bekannt gewesen sein. Ein Turm stürzte ein und erschlug achtzehn Leute.

Ein typischer Fall für die Frage: »Wie kann Gott das zulassen?« Auch hier spitzt Jesus alles auf die persönliche Mahnung zur Umkehr zu, anstatt die Warum-Frage zu beantworten.

Das Bedürfnis, Leiden als Strafe für Böses zu erklären, scheint allgemein menschlich zu sein. Es ist jedenfalls typisch für den religiösen Menschen. Ganze Religionssysteme sind darauf aufgebaut. Die Karma-Lehre in den asiatischen Religionen besagt, dass der Mensch durch das Tun des Guten gutes Karma sammelt, das sich später in einem guten Leben auswirkt. Wenn er Böses tut, erwirbt er schlechtes Karma. Das bewirkt notwendig leidvolles Leben und wird dadurch sozusagen abgearbeitet. So besteht für den Menschen wiederum die Möglichkeit, in einem nächsten Leben Besseres zu erleben. Wenn das stimmt, ist alles erklärt. Alles Leid ist selbst verschuldet – in einer früheren Existenz. Es muss erlitten werden, damit es später mal besser wird. Alles hat seine Ordnung. Man kann am Leiden der Menschen grundsätzlich nichts ändern. Beruhigend?

Als Pfarrer habe ich von Kranken oft den Satz gehört: »Was habe ich getan, dass ich so etwas erleiden muss? Wie kann Gott das zulassen?« Ich habe noch nie gehört, dass jemand sich beschwert hat, dass Gott ihm ungerechterweise einen schönen Urlaub, strahlende Gesundheit, eine berufliche Beförderung, eine intakte Familie gegeben hat, obwohl er sich gar nicht um Gott gekümmert hat.

Jesus hat einmal sehr drastisch gezeigt, dass Leid und Schuld nicht persönlich aufgerechnet werden dürfen.

Wir lesen im Johannesevangelium 9,1-7:

Und Jesus ging vorüber und sah einen Menschen, der blind geboren war. Und seine Jünger fragten ihn und sprachen: Rabbi, wer hat gesündigt, dieser oder seine Eltern, dass er blind geboren ist? Jesus antwortete: Es hat weder dieser gesündigt noch seine Eltern, sondern es sollen die

Werke Gottes offenbar werden an ihm. Wir müssen die Werke dessen wirken, der mich gesandt hat, solange es Tag ist; es kommt die Nacht, da niemand wirken kann. Solange ich in der Welt bin, bin ich das Licht der Welt. Als er das gesagt hatte, spuckte er auf die Erde, machte daraus einen Brei und strich den Brei auf die Augen des Blinden und sprach zu ihm: Geh zu dem Teich Siloah – das heißt übersetzt: gesandt – und wasche dich! Da ging er hin und wusch sich und kam sehend wieder.

Weder dieser noch seine Eltern haben gesündigt? Ist das theologisch korrekt? Jesus hat doch selbst gesagt, dass aus dem Herzen des Menschen Böses kommt,

Unzucht, Diebstahl, Mord, Ehebruch, Habgier, Bosheit, Arglist, Ausschweifung, Missgunst, Lästerung, Hochmut, Unvernunft.

Markus 7,21 ff.

Davon ist doch keiner frei. Wir leben in der Welt nach dem Sündenfall. Ja, das stimmt.

Aber Jesus wischt die Frage der Jünger einfach weg. Die Logik hinter der Frage war klar. Wenn das Schicksal des Blindgeborenen eine Strafe für Sünde war, dann kann er selbst ja nicht der Verursacher gewesen sein. Also müssen seine Eltern schuld sein. Jesus erklärt gar nichts, er weist nach vorne:

… sondern es sollen die Werke Gottes offenbar werden an ihm.

Jesus selbst vollbringt an dem Blindgeborenen das Werk Gottes, nämlich die Heilung. Er tut es auf befremdliche Weise. Spucke, Erde, Matsch, Waschen am Teich Siloah. Warum mit dieser unappetitlichen Methode? Jesus hat sonst Blinde, Lahme und andere Kranke nur mit einem Wort geheilt. Die unangenehme, umständliche Prozedur kann nur ein Hinweis darauf sein, dass Jesus die eigentliche Heilung der Menschen durch sein Leiden und Sterben am Kreuz vollbringen wird. Nur wenn wir uns darauf einlassen, wie der Blindgeborene hier auf die von Jesus vollzogene und gebotene Prozedur, werden uns die Augen aufgehen und wir werden das Licht der Welt sehen und gerettet werden.

Aber noch etwas fällt auf. Jesus sagt:

> Wir müssen die Werke dessen wirken, der mich gesandt hat, solange es Tag ist; es kommt die Nacht, da niemand wirken kann.

Er redet nicht nur von sich. Er bezieht seine Jünger mit ein:

> Wir müssen die Werke dessen wirken, der mich gesandt hat ...

Jesus macht aus den Zuschauern Mitarbeiter. Die Warum-Frage haben sie als Zuschauer im Vorübergehen gestellt. Sie wollten von Jesus die Erklärung für ein schwieriges Problem. Jesus verweigert die Antwort auf ihre Frage. Stattdessen handelt er an dem Blindgeborenen und kündigt an, dass seine Jünger in dieses Wirken Gottes einbezogen werden. Genau das hat Gott mit uns vor. Er will uns von Zuschauern zu beteiligten Mitarbeitern seiner Hilfe für die Menschen machen.

Mancher ist nicht zufrieden, dass die Frage unbeantwortet bleibt. Aber was wäre die Folge, wenn wir die Warum-Frage befriedigend beantwortet bekämen? Wir könnten uns beruhigt zurücklehnen und dem Elend in der Welt zuschauen, weil ja alles seine Ordnung hat. Genau das ist die Folge in Religionen und Weltanschauungen, die behaupten, die Frage nach dem Warum des Leidens für jeden Fall befriedigend beantworten zu können. Jesus befriedigt diesen Wunsch nicht. Die unbeantworteten Fragen brennen wie offene Wunden. Jesus beruft uns, an der Linderung der Not mitzuwirken. Und er rüstet uns dazu aus.

Zwei tiefe Erfahrungen in meinem Leben haben mir geholfen, mit den brennenden offenen Fragen leben zu können.

Als Jugendpfarrer erlebte ich, dass der vierzehnjährige Sohn meines guten Freundes bei einer Fahrradtour in unserem Sommerlager tödlich verunglückte. In der Nacht musste ich die Eltern im Urlaub in Italien informieren. Ich holte mir am nächsten Morgen bei der Polizei den Schlüssel zur Totenzelle auf dem Friedhof der Stadt im Sauerland. Ich stand allein an der Bahre. Der Junge lag unter einer Decke. Ich enthüllte seinen verletzten Kopf. Nie hatte ich zuvor in meinem Leben eine so schreckliche Situation erlebt. Ich weiß nicht mehr, ob ich geweint habe oder gar nicht mehr weinen konnte. Eins habe ich nicht vergessen, weil es mich in dieser Totenzelle neben dem Leichnam des Jungen überraschte: Ich war ganz gewiss, dass der auferstandene Jesus gegenwärtig war. Selten war ich seiner Gegenwart so gewiss wie an diesem Ort und in dieser schweren Stunde.

Die zweite Erfahrung musste ich Anfang 1985 in einem sudanesischen Flüchtlingslager an der Grenze zu Äthiopien machen. In Wad Kauly hatte sich damals in wenigen Tagen ein Lager mit etwa 50 000 Flüchtlingen aus Eritrea gebildet. Ich besuchte dienstlich einen deutschen CVJM-Mitarbeiter, der mit dem sudanesischen YMCA arbeitete. Er nahm mich auf eine zehn Stunden lange Autofahrt über staubige Pisten zu diesem abgelegenen Lager mit. Es gab dort nur wenig Wasser. Keine hygienischen Einrichtungen. Noch keine ärztliche oder sonstige Versorgung. Die YMCA-Mitarbeiter hatten mit einer Hilfsernährung für kleine Kinder begonnen. Ich begleitete einen Mitarbeiter durch das Lager. Plötzlich stand eine Frau vor mir und streckte mir ihr verhungerndes Baby entgegen. Ich konnte nicht helfen. Sie ging enttäuscht weg.

Dann sah ich, wie eine andere Frau einen Hirsebrei auf eine Kochplatte strich. Unter der Platte brannte ein Feuer. Sie zeichnete in den Teig auf der Platte ein Kreuz. Brot des Lebens.

Die Nacht brach herein. Ich lag auf einem Feldbett unter freiem Himmel. Ich konnte nicht schlafen. Plötzlich hörte ich Singen. Ein YMCA-Mitarbeiter neben mir sagte: »Es sind Christen. Sie singen das Lob Gottes.« In meiner Verzweiflung, gequält von der Hilflosigkeit angesichts des sterbenden Kindes, sah ich die Frau vor mir, die das Kreuz auf das Brot gezeichnet hatte, und hörte das Lob Gottes aus der Tiefe der Not gesungen. In dieser Nacht hatte ich keine Antwort auf die quälende Frage nach dem Warum. Aber ich begriff: In diese schreckliche Welt hat Gott das Kreuz gestellt.

> So sehr hat Gott die Welt geliebt, dass er seinen einzigen Sohn gab, damit alle, die an den glauben, nicht verloren werden, sondern das ewige Leben haben.
>
> *Johannes 3,16 (eigene Übersetzung)*

Das hat Jesus selbst gesagt. Und sein Kreuz mitten im Schrecken der Welt ist das Orientierungskreuz. Gott rettet. Jesus ist der Retter. Und er rettet uns, damit wir Mitarbeiter seiner Liebe in dieser Welt werden. In Wort und Tat.

In dieser Nacht begriff ich: Gott wird mir keine beruhigenden Antworten auf meine quälenden Fragen geben. Aber er hat mich durch Jesus gerettet, damit ich ihm und den Menschen diene. Es sollen die Werke Gottes an den Menschen offenbar werden. Jesus will uns an seiner Arbeit in der Welt beteiligen. So wirkt seine Liebe. Das bringt uns zu einem großen, aber auch missbrauchten Wort: Liebe. Damit beschäftigen wir uns in der Beantwortung der nächsten Frage.

FRAGE 4

Kann denn Liebe Sünde sein?

Sünde – was ist das? Das versteht angeblich keiner mehr, behaupten vor allem Stimmen in den Kirchen. Darum sollte man den Begriff aus dem Wortschatz streichen. Das wundert mich. Denn von Diätsünden, Verkehrssünden, Umweltsünden ist dauernd und überall die Rede. Sünde ist also geradezu ein Modewort unserer Zeit.

Das heißt allerdings noch lange nicht, dass dieses Wort so gebraucht und verstanden wird, wie es nach der Bibel sein sollte. Wörter kommen mir vor wie die Einkaufswagen in den Supermärkten. Sie sehen alle gleich aus. Man nimmt sie und füllt sie mit den Waren, die man kaufen will. An der Kasse enthalten die Einkaufswagen dann sehr unterschiedlichen Inhalt. So ist es mit Wörtern. Sie klingen gleich, können aber unterschiedlichen Inhalt transportieren. Wenn der Inhalt schlecht ist, muss man nicht den Einkaufswagen dafür verantwortlich machen, sondern den Einkäufer.

Sünde ist ein Beziehungsbegriff. Das deutsche Wort bezeichnet Absonderung, Trennung. Die wichtigste Beziehung für das Leben jedes Menschen ist die Beziehung zu Gott, dem Schöpfer und Erhalter des Lebens. Ja, für jeden Menschen ist diese Beziehung die allerwichtigste. Denn jeder Mensch ist von Gott geschaffen. Keine Sekunde können wir leben, ohne dass Gott uns erhält. Das gilt auch für Gottesleugner. Dass Gott existiert, ist nicht davon abhängig, ob Menschen an ihn glauben. Weil Gott lebt, ist unser Leben aber immer von unserer Beziehung zu ihm bestimmt. Wenn diese Beziehung gestört ist, leidet unser Leben Schaden. Solche Beziehungsstörungen nennt die Bibel Sünde.

Vergegenwärtigen wir uns noch einmal, was die Bibel sagt.

Gott hat uns zu seinem Ebenbild – zu seinem Gegenüber – geschaffen. Er hat uns in der Unterschiedlichkeit und Gemeinschaft von Mann und Frau geschaffen. Er hat uns als seine Geschäftsführer in der Welt beauftragt und gesegnet (1. Mose 1,27f.). Das wissen wir nur dadurch, dass Gott sich als Schöpfer offenbart hat. Die Offenbarung Gottes ist in der Bibel dokumentiert.

So aber gefällt uns Menschen diese Grundbeziehung nicht. Wir wollen Eigentümer, nicht nur beauftragte Geschäftsführer sein. Wir wollen selbstbestimmt leben. Wir behaupten: Mein Körper gehört mir. Meine Zeit gehört mir. Nur ich habe das Recht, darüber zu verfügen und zu bestimmen. Niemand sonst. Das aber ist Rebellion gegen Gott. Das ist die Hauptsünde.

Natürlich wollen viele Gott nicht völlig leugnen. Sie wünschen sich Gottes Hilfe und Segen. Aber sie meinen selbst am besten zu wissen, was gut für sie ist. »Höre auf dein Herz!«, heißt das verführerische und überzeugende Gebot heute.

Die Bibel beschreibt von Anfang an, was die Folgen dieser Rebellion sind: Kain beneidet und ermordet seinen Bruder Abel. Auf die Zerstörung der Gottesbeziehung folgt sofort die Zerstörung der Beziehung zwischen den Menschen. Wie eine losgetretene Lawine weitet sich die Zerstörung aus, wie es sich in Lamechs Rachewort zeigt (1. Mose 4,23f.). Selbstherrlichkeit und Überheblichkeit enden in Zerstörung und Zerstreuung nach dem Turmbau zu Babel (1. Mose 11).

Auch die Beziehung des Menschen zu sich selbst wird zerstört. Wer sich selbst an Gottes Stelle setzt, wird von Neid, Geltungssucht,

Hass auf andere und oft auch auf sich selbst zerstört. Selbstsüchtig, habsüchtig und maßlos plündert er die Schöpfung Gottes, anstatt sie zu bewahren.

Sünde ist Besserwisserei. Wir wollen besser als Gott wissen, was uns guttut und glücklich macht. Wir wollen mehr haben. »Hast du was, dann bist du was.« Gott aber sagt: Du sollst nicht stehlen! Du sollst nicht begehren, was dem anderen gehört! Wir meinen, es besser zu wissen als Gott.

Der Schöpfer hat uns alle sieben Tage Ruhe und Introspektion bei ihm verordnet. Wir aber missachten seine Lebensregel und hetzen uns zu Tode. Gott hat uns die Sexualität für den Schutzraum lebenslanger Liebe und Treue in der Ehe geschenkt. Wir aber meinen zu wissen, dass Sex vor und außerhalb der Ehe und auch mit gleichgeschlechtlichen Partnern glücklich macht. Kann denn Liebe Sünde sein?

Die Besserwisserei des rebellischen Menschen führt dazu, dass er die Gebote Gottes missachtet. Aber nicht nur diese Missachtung ist Sünde. Im Gegenteil. Es gibt auch Gottesfeindschaft auf moralisch hohem Niveau. Das ist die Sünde der Anständigen.

Der Apostel Paulus war vor seiner Bekehrung zu Jesus ein Beispiel dafür. Er konnte von sich selbst sagen, er sei »nach der Gerechtigkeit, die das Gesetz fordert, untadelig gewesen« (Philipper 3,6). Gerade deshalb hasste er die Jesus-Bekenner und die Botschaft vom gekreuzigten Messias Jesus. Er meinte, keine Gnade durch den stellvertretenden Tod des Messias Jesus zu brauchen. Seine Selbstgerechtigkeit war die Waffe seiner Gottesfeindschaft, obwohl er sie für ausgemachte Frömmigkeit hielt.

Man kann sich auf sehr verschiedene Weise in die verkehrte Richtung bewegen. Es geht mit dem Mercedes oder auf dem Fahrrad oder zu Fuß oder mit dem Zug oder Flugzeug. Die Art der Fortbewegung ändert nichts an der falschen Richtung. Sünde kann unmoralische und moralische Gestalt annehmen. Die

Selbstgerechten konnten und können bis heute mit Jesus am wenigsten anfangen. Und Jesus hat ihnen nichts zu bieten. Er sagt ausdrücklich:

> Ich bin nicht gekommen, Gerechte zu rufen, sondern Sünder zur Buße.
>
> *Lukas 5,32*

Ein reicher junger Mann behauptete, dass er die Gebote Gottes von Jugend an gehalten habe. Jesus bestreitet das nicht einmal. Aber offensichtlich ist der Besitz des Mannes sein Gott, der ihm Sicherheit und Ansehen garantiert. Als Jesus ihn zur Abkehr von diesem Götzen und in seine Nachfolge ruft, ärgert er sich über diese Zumutung und geht traurig weg. Ein total anständiger Mensch wird von Jesus als Götzendiener entlarvt. Und leider verliert Jesus den Kampf um diesen Kerl. Der Götzendienst der Habgier und des Geizes wird bis heute perfekt als Sparsamkeit und Anständigkeit getarnt. Die Besserwisserei der Anständigen vergeht sich am ersten Gebot: »Du sollst keine anderen Götter haben neben mir.«

Jesus hat gesagt, dass er den Heiligen Geist senden wird.

> Und wenn er kommt, wird er der Welt die Augen auftun über die Sünde und über die Gerechtigkeit und über das Gericht.
>
> *Johannes 16,8*

Der Heilige Geist schafft, dass wir unser Leben im Licht Gottes sehen. Nur der Geist Gottes kann Sündenerkenntnis bewirken. Deshalb ist es völliger Unsinn, wenn gesagt wird, die Leute verstünden heute nicht mehr, wenn wir von Sünde reden. Die Leute haben das noch nie verstanden. Sie können es nur verstehen, wenn der Heilige Geist ihr Gewissen anrührt und aufweckt.

Weil Jesus mit der Wirkung des Geistes Gottes rechnet, redet er Klartext über Sünde:

> Denn von innen, aus dem Herzen der Menschen, kommen heraus die bösen Gedanken, Unzucht, Diebstahl, Mord, Ehebruch, Habgier, Bosheit, Arglist, Ausschweifung, Missgunst, Lästerung, Hochmut, Unvernunft. All dies Böse kommt von innen heraus und macht den Menschen unrein.
>
> *Markus 7,21-23*

Weil Paulus mit der Wirkung des Geistes Gottes rechnet, redet er Klartext über Sünde, die vom Reich Gottes ausschließt:

> Oder wisst ihr nicht, dass die Ungerechten das Reich Gottes nicht ererben werden? Täuscht euch nicht! Weder Unzüchtige noch Götzendiener noch Ehebrecher noch Lustknaben noch Knabenschänder noch Diebe noch Habgierige noch Trunkenbolde noch Lästerer noch Räuber werden das Reich Gottes ererben. Und solche sind einige von euch gewesen. Aber ihr seid reingewaschen, ihr seid geheiligt, ihr seid gerecht geworden durch den Namen des Herrn Jesus Christus und durch den Geist unseres Gottes.
>
> *1. Korinther 6,9-11*

Schauen wir also in den Spiegel des Wortes Gottes, der uns in der Bibel vorgehalten wird! Und beten wir, dass der Heilige Geist unsere Gewissen anrührt, damit wir die Sünden in unserem Leben erkennen. Blinde Flecken sind eine tödliche Gefahr. Wenn das nicht so wäre, hätte Paulus nicht so scharf und klar an die Christen in Korinth schreiben und Sünden konkret benennen müssen.

Zuerst müssen wir vor der eigenen Tür kehren. Aber es ist unbedingt nötig, dass wir auch in der Verkündigung für Christen und Nichtchristen nicht um den heißen Brei herumreden, sondern Sünde Sünde nennen. Der Heilige Geist deckt nicht nur unsere Sünden auf, sondern lenkt unseren Blick auf Jesus, den gekreuzigten und auferstandenen Retter.

> Wenn wir sagen, wir haben keine Sünde, so betrügen wir uns selbst, und die Wahrheit ist nicht in uns. Wenn wir aber unsere Sünden bekennen, so ist er treu und gerecht, dass er uns die Sünden vergibt und reinigt uns von aller Ungerechtigkeit.
>
> *1. Johannes 1,8 ff.*

Später werden wir uns der Frage zuwenden, wie wahre Liebe unsere Beziehungen heilt und stärkt. Zuvor sollen noch andere Fragen Raum bekommen.

FRAGE 5

Gibt es Leben ohne Angst?

Ich schreibe diese Zeilen an einem Montagmorgen im März 2020. »Deutschland macht dicht«, titelte unsere lokale Tageszeitung an diesem Tag. Deutschland hatte seine Grenzen zu einigen Nachbarländern geschlossen. Die Angst vor dem Coronavirus ging um.

Angst ist normal. Ein Mensch, der keine Angst empfindet, ist krank. Die Angst ist ein eingebautes Alarmsystem des Menschen wie der Schmerz. Nicht schön, aber hilfreich. Der Schmerz signalisiert, dass etwas nicht in Ordnung ist. Es muss eine Ursache geben. Die muss man suchen und finden. Hoffentlich kann man sie beheben. Ich entsinne mich an ein Kind in der Familie eines Bekannten. Es hatte in Teilen des Kopfes kein Schmerzempfinden. Ein gefährlicher Tumor hatte sich gebildet, ohne dass der Junge Schmerzen spürte. Eine lebensbedrohliche Lage hatte sich entwickelt. Leider hatte keine Schmerzwarnung rechtzeitig darauf aufmerksam gemacht.

Natürlich sind Schmerzen nicht schön. Niemand wünscht sie sich. Aber es ist lebensgefährlich, wenn man keine Schmerzen empfinden kann.

Ähnlich ist es mit der Angst: Sie signalisiert, dass es eng wird. Sie weist auf eine Gefahr hin. Gut, wenn man sie erkennt und bekämpfen kann. Dann braucht man einen kühlen Kopf und eine ruhige Hand. Verantwortliches Handeln ist gefragt. Panische Reaktionen sind keine Hilfe. In Panik tut man etwas, um etwas zu tun, und fragt nicht danach, ob es hilfreich ist. In Panik trampeln sich Menschen tot, weil sie so schnell wie möglich aus der Gefahrenzone fliehen wollen. Angst kann aber auch lähmen. Das sprichwörtliche Kaninchen starrt wie gelähmt auf die Schlange. Angst macht uns dann unfähig, überhaupt etwas zu tun.

Wenn der Angst-Alarm losgeht, brauchen wir Mut. Mut heißt: Ich sehe Möglichkeiten, etwas gegen die Gefahr zu tun. Vor Jahren gab es in Deutschland einen Bestseller über die Angst mit dem Titel »Flüchten oder Standhalten«[1]. Ein Arzt und Psychotherapeut schrieb über die Einsamkeitsangst als die Grundangst der Menschen. Und er schilderte, wie wir vor dieser Angst fliehen. Wir machen andere Menschen von uns abhängig oder wir werden anderen Menschen geradezu hörig, um nur ja nicht alleingelassen zu werden. Wir flüchten vor der Angst und schaffen dadurch nur größere Probleme. Der Autor suchte nach Möglichkeiten, wie wir dem Druck dieser Angst standhalten können. Übrigens kann auch Flucht eine angemessene Reaktion sein, wenn man eine Zuflucht findet, die Geborgenheit bietet und nicht größere Probleme schafft.

Ein Alarmsystem kann aber auch gestört sein. Der Alarm geht los, ohne dass er durch eine tatsächliche Gefahr ausgelöst wird. In solchen Angstzuständen brauchen wir fachkundige ärztliche Hilfe. Auf diese Besonderheit kann ich hier nicht eingehen. Ich will aber nicht versäumen, darauf hinzuweisen und dringend zu empfehlen, die ärztliche Hilfe auch zu suchen.

Wer Menschen ein Leben ohne Angst verspricht, belügt und betrügt sie. Jesus hat gesagt:

> In der Welt habt ihr Angst.
>
> *Johannes 16,33*

Das sagte er am Abend vor seiner Hinrichtung. Es gab jede Menge Gründe, Angst zu haben. Die Gefahren waren real und nicht eingebildet. Jesus stellt fest, dass die Welt voller lebensbedrohlicher Engpässe ist. Sie lösen auch bei den Leuten, die Jesus folgen, Angst aus. Das leugnet Jesus nicht.

Was hat er dagegenzusetzen? Er sagt: »In der Welt habt ihr Angst; aber seid getrost, ich habe die Welt überwunden.«

Müssen wir diese Behauptung nicht kritisch hinterfragen? In der gleichen Nacht hat Jesus aus Angst Blut geschwitzt. Die Bibel berichtet das ohne Beschönigung:

> Und er geriet in Todesangst und betete heftiger. Und sein Schweiß wurde wie Blutstropfen, die auf die Erde fielen.
>
> *Lukas 22,44*

Jesus geht im Gehorsam den Weg ins Leiden und Sterben. Erst nach seiner Auferstehung wird klar: Der Tod am Kreuz war keine Niederlage, sondern der Sieg der Liebe Gottes über die Zerstörungsmacht der Sünde, des Satans und des Todes. Gott selbst, der Richter, trägt in seinem Sohn Jesus das Gericht über die Sünde. Er geht stellvertretend durch den Engpass des Gerichtes Gottes. Er erleidet die tödliche Angst der Gottverlassenheit. So besiegt er die Mächte der Zerstörung.

Der Seelsorger Johann Christoph Blumhardt (1805–1880) hat gedichtet:

> Dass Jesus siegt, bleibt ewig ausgemacht,
> sein wird die ganze Welt.
> Denn alles ist nach seines Todes Nacht

in seine Hand gestellt.
Nachdem am Kreuz er ausgerungen,
hat er zum Thron sich aufgeschwungen.
Ja, Jesus siegt, ja, Jesus siegt!

Was ist die Schlussfolgerung?

Es gibt kein Leben ohne Angst, weil das Leben in unserer Welt uns immer wieder in bedrohliche Engpässe führt. Seitdem ich mich an Jesus, den Sieger über die zerstörerischen Mächte, halte, habe ich eine Zuflucht. Bei ihm bin ich geschützt. Er hilft mir durch.

Mir hilft es sehr, dass die Bibel mir in den Psalmen die Sprache für meine Gebet leiht, wenn mir selbst die Worte fehlen. Hier einige Beispiele:

Die Angst meines Herzens ist groß (Psalm 25,17).

Und mein Geist ist in mir geängstet, mein Herz ist erstarrt in meinem Leibe (Psalm 143,4).

Sei nicht ferne von mir, denn Angst ist nahe (Psalm 22,12).

Und verbirg dein Angesicht nicht vor deinem Knechte, denn mir ist angst; erhöre mich eilends (Psalm 69,18).

Wenn mein Geist in Ängsten ist, so kennst du doch meinen Pfad (Psalm 142,4).

Ich will nicht verschweigen, dass die Bibel auch harte Worte zu diesem Thema enthält. Psalm 53 beginnt mit dem Satz: »Die Toren sprechen in ihrem Herzen: Es ist kein Gott.« Dann werden schonungslos die Konsequenzen aufgezählt. In Psalm 53,6 heißt es: »Da erschrecken sie sehr, wo kein Schrecken ist.« Auch das müssen wir leider allzu oft beobachten. Wenn keine Ehrfurcht vor dem lebendigen Gott unser Leben bestimmt, tyrannisieren uns Menschenfurcht und Ängste vor allem Möglichen und Unmöglichen.

Kaum einer wird bezweifeln, dass Angst ein großes Thema in unserer Zeit ist. Das Thema Glück aber steht auf der Rangliste wahrscheinlich noch davor. Vielleicht hängen sie sogar miteinander zusammen.

FRAGE 6

Kann man Glück lernen?

Ich fuhr in einem ICE von Nürnberg nach Kassel und las eine Wochenzeitung. Ich saß am Gang. Das große Format der Zeitung zwang mich, das aufgefaltete Blatt nach links in den Gang zu halten. Die große Überschrift eines Artikels lautete: »Kann man Glück lernen?« Ich las voller Neugier, als hinter mir im Gang eine energische Stimme erscholl: »Nein. Hat man oder hat man nicht.« Ich fuhr herum und blickte in das Gesicht einer entschlossen den Kopf schüttelnden älteren Dame. Also nichts mit Lernen?

Der Zeitungsartikel berichtete von einem Lehrer, der an seiner Schule das Fach »Glück« eingeführt hatte. Ich erinnere mich, dass diese Idee Kreise gezogen hat. Die Schüler hatten sicher nichts dagegen. Ich meine auch, inzwischen etwas über vergleichende Studien gelesen zu haben. Schüler, die nicht mit diesem Schulfach beglückt wurden, seien auch nicht unglücklicher.

»Glück gehabt.« Das sagten Arbeitskollegen zu mir. Als Student arbeitete ich als Hilfsarbeiter auf dem Bau. An einem Vormittag hörte ich Schreie. Ich richtete mich von meiner Arbeit am Boden auf und drehte mich um. Hinter mir stand kerzengerade ein großer Holzbalken. Er fiel langsam um. Er war von hoch oben aus der Baukonstruktion herabgestürzt und direkt hinter mir aufgeschlagen. Einige Arbeitskollegen hatten beobachtet, dass der Balken direkt auf mich zusteuerte. Darum die Schreie, die ich nicht verstand. Das Geschoss verfehlte mich nur knapp. »Glück gehabt«, sagten die Kollegen.

Erst langsam wurde mir klar, was passiert war. Der Schrecken kroch mir nachträglich in die Glieder. Ich merkte, wie ich zitterte. Gott sei Dank! Seine Bewahrung war mein Glück.

Solche Glückserfahrungen wünscht man sich allerdings nicht wieder.

Damit wird deutlich, wie unterschiedlich wir von Glück reden. Wenn man Glück hat, löst das in der Regel Glücksgefühle aus. Gefühle aber sind nicht von Dauer. Der Psychotherapeut Viktor Frankl hat beschrieben, dass Glücksgefühle länger anhalten, wenn sie durch langwierige Mühen erworben wurden. Das Glücksgefühl auf dem Berggipfel nach stundenlanger anstrengender Bergwanderung ist andauernder als das Glücksgefühl, das der Verzehr eines Stücks Schokolade auslöst. Aber ob länger oder kürzer – Gefühle sind nie von unbegrenzter Dauer.

Die Deutsche Post stellt nicht nur Briefe und Pakete zu, sie erstellt seit einigen Jahren auch den sogenannten Glücksatlas. Sie titelte am Tage, an dem ich diese Zeilen schrieb, auf ihrer Internetseite: »Deutschland so zufrieden wie noch nie«.[2]

Dann las ich: »Noch nie war die Lebenszufriedenheit der Deutschen so hoch wie 2019. Sie liegt aktuell bei 7,14 Punkten auf einer Skala von 0 bis 10. Damit wird das Ergebnis von 7,05 Punkten aus dem Vorjahr um 0,09 Punkte verbessert. Das ostdeutsche Glücksniveau stieg sogar um 0,11 Punkte auf das Allzeithoch von 7,0 Punkten, der höchste Wert, der jemals seit dem Mauerfall vor 30 Jahren gemessen wurde. Der Glücksabstand zwischen West- und Ostdeutschland verringerte sich weiter auf aktuell 0,17 Punkte. An der Spitze des regionalen ›Glücksrankings‹ steht unangefochten Schleswig-Holstein, das Schlusslicht bildet erneut Brandenburg.«

Glück wird hier als Lebenszufriedenheit verstanden. Diese wird unter verschiedenen Gesichtspunkten bei den Menschen abgefragt: Wohnung, Arbeit, Familie, Einkommen, Gesundheitsfürsorge und anderes.

Die statistischen Durchschnittswerte sagen leider nichts darüber aus, dass Menschen auch in den glücklichsten Landesteilen so unglücklich sein können, dass sie sich das Leben nehmen. Und ob unglückliche Menschen durch einen Umzug von Brandenburg nach Schleswig-Holstein glücklicher werden, wage ich auch anzuzweifeln.

Doch wenden wir uns nun der Frage zu, ob der christliche Glaube glücklich macht.

Ich halte die Frage schon deshalb für berechtigt, weil Jesus die Bergpredigt mit der Serie von Seligpreisungen beginnt. »Selig sind...« lesen wir in der Übersetzung Martin Luthers. Die Sätze beginnen im griechischen Urtext des Neuen Testamentes mit dem Wort *makárioi*.

Glücklich sind, glücklich zu preisen sind, Gratulation denen... So müssen wir das verstehen.

Lesen wir Matthäus 5,1-12 und wir werden sehen, dass Jesus merkwürdige Vorstellungen vom Glück hat:

Als er aber das Volk sah, ging er auf einen Berg
und setzte sich, und seine Jünger traten zu ihm.
Und er tat seinen Mund auf, lehrte sie und sprach:
Selig sind, die da geistlich arm sind;
denn ihrer ist das Himmelreich.
Selig sind, die da Leid tragen;
denn sie sollen getröstet werden.
Selig sind die Sanftmütigen;
denn sie werden das Erdreich besitzen.

Selig sind, die da hungert und dürstet
nach der Gerechtigkeit; denn sie sollen satt werden.
Selig sind die Barmherzigen;
denn sie werden Barmherzigkeit erlangen.
Selig sind, die reinen Herzens sind;
denn sie werden Gott schauen.
Selig sind, die Frieden stiften;
denn sie werden Gottes Kinder heißen.
Selig sind, die um der Gerechtigkeit willen verfolgt werden; denn ihrer ist das Himmelreich.
Selig seid ihr, wenn euch die Menschen
um meinetwillen schmähen und verfolgen
und allerlei Böses gegen euch reden und dabei lügen. Seid
fröhlich und getrost; es wird euch im Himmel reichlich
belohnt werden. Denn ebenso haben sie verfolgt
die Propheten, die vor euch gewesen sind.

Beschenkte sind glücklich

Die erste Seligpreisung ist der Schlüssel zu allen anderen. Geistlich arm bedeutet nicht unbedingt geistig arm. Gemeint sind
Menschen, die vor Gott arm wie Bettler dastehen. Warum kann
man denen gratulieren? Jede Art von Armut ist doch durch bekla-
genswerten Mangel gekennzeichnet, oder? Ja, aber wer sich seiner
Armut vor Gott wie ein Bettler bewusst ist, der lässt sich von Gott
beschenken.

Jesus sagt, dass den geistlich Armen das Himmelreich gehört.
Die Königsherrschaft der Himmel – so steht es genau im griechischen Text – ist die Königsherrschaft Gottes. Aus Ehrfurcht vor

Gott und aus Sorge, die Bezeichnung »Gott« zu missbrauchen, sprachen fromme Juden von den Himmeln, wenn sie Gott meinten.

Die Königsherrschaft Gottes können wir nur geschenkt bekommen. Wir können sie nicht erarbeiten oder kaufen. Mit diesem ersten Satz der Bergpredigt setzt Jesus das entscheidende Vorzeichen vor alle weiteren Aussagen.

Gott wird in Jesus Mensch. Er kommt in unsere Welt, um uns mit Gott zu versöhnen. Durch Jesus dürfen wir Gott kennen, die Vergebung der Sünden empfangen, in der Gemeinschaft mit Gott, dem Vater, leben, die Kraft des Geistes Gottes erfahren, die Wegweisungen Gottes für ein gelingendes Leben kennenlernen, in der Gemeinschaft mit allen Kindern Gottes leben. Wir leben schon jetzt und hier durch Jesus in Gottes Königsherrschaft und wir werden in der zukünftigen Herrlichkeit Gottes Herrschaft ohne Leid, Krankheit und Sterben genießen.

Dieses Geschenk ist für alle Menschen da. Schlecht dran sind nur die Hochmütigen, die sich nichts schenken lassen. Das Geschenk Gottes ist nicht wie ein Hauptgewinn im Lotto, den nur einer oder wenige bekommen, während die meisten leer ausgehen. Das Geschenk ist für jeden. Darum gratuliert Jesus denen, die leere Hände aufhalten.

Glück trotz aller Schmerzen?

Ich hoffe, die erste Seligpreisung leuchtet ein, auch wenn sie unser Leistungsdenken gegen den Strich bürstet. Was aber soll man zu den nachfolgenden Gratulationen sagen? Wir erwarten doch wenigstens weniger Probleme und Schwierigkeiten, um glücklich zu leben, wenn wir schon nicht erwarten können, dass unser Leben ganz frei von Problemen und Schwierigkeiten ist.

Jesus aber gratuliert ausgerechnet denen, die Leid tragen, die Sehnsucht nach Gerechtigkeit haben, weil es daran mangelt. Die Sanftmütigen werden garantiert von den Gewalttätigen misshandelt. Wer Frieden stiften will, muss Lösungen für kriegerische Auseinandersetzungen finden. Das ist kein Spaziergang. Reinheit des Herzens bedeutet Kampf gegen Lüge und Sexgier. Kein leichter Weg und schon gar nicht populär.

Das Gegenteil von Lebenszufriedenheit scheint erreicht zu sein, wenn Menschen um der Gerechtigkeit willen oder wegen ihres Bekenntnisses zu Jesus verfolgt werden. Das schließt Mobbing und Schikane, Spott, Verlust des Arbeitsplatzes, Gefängnis, Folter und Vertreibung ein. Viele Tausend Christen müssen das heute erleben. Jesus preist sie glücklich. Wie das?

Eins muss man zugeben: Wenn Glück heißt, dass es im Leben keine Schmerzen und Belastungen gibt, dann ist es wohl bei Jesus nicht zu haben. Im Gegenteil. Wer die Liebe Gottes durch Jesus empfängt, wird zum Werkzeug der Liebe und des Friedens Gottes in dieser Welt. Er wird zum Lastenträger. Die Regel im Leben mit Jesus lautet:

> Einer trage des andern Last, so werdet ihr das Gesetz Christi erfüllen.
>
> *Galater 6,2*

Flach, oberflächlich ist das Leben nicht, wenn es von Jesus bestimmt wird. Es hat Tiefe und Weite. Es hat Format und Perspektive. Und es gibt eine Freude, die nicht zu zerstören ist. Der Apostel Paulus saß im Gefängnis. Der Ausgang seines Prozesses war höchst ungewiss. Korruption und Beugung des Rechts waren normal. Und aus dieser Lage kann Paulus schreiben:

Freuet euch in dem Herrn allewege, und abermals sage ich:
Freuet euch!

Philipper 4,4

Damit bestätigt Paulus, was Jesus den Verfolgten sagt: Seid fröhlich und getrost!

Kann man Glück lernen? Eins kann man lernen: Wer Glück zum Hauptziel seines Lebens macht, wird es garantiert verfehlen. Glück ist eine Zugabe und Nebenwirkung. Seit der amerikanischen Unabhängigkeitserklärung gehört das Streben nach Glück zwar zu den unveräußerlichen Grundrechten des Menschen – neben Leben und Freiheit. Trotzdem sind wir nicht gut beraten, wenn wir das Streben nach Glück zum Hauptziel unseres Lebens machen. Klüger ist es, der Aufforderung zu folgen, die Jesus in der Bergpredigt so formuliert:

Trachtet zuerst nach dem Reich Gottes und nach seiner Gerechtigkeit, so wird euch das alles zufallen.

Matthäus 6,33

Gott wird uns alles, was wir für unsere Lebenszufriedenheit brauchen, geben, wenn wir seinem Einfluss in unserem Leben Vorrang vor allen konkurrierenden Ansprüchen geben. Wie sieht das praktisch aus? Zum Beispiel beim Thema Gesundheit.

FRAGE 7

Hauptsache Gesundheit?

Gesundheit ist ein großes Geschenk. Wer dauernd gesund ist, weiß das in der Regel nicht zu schätzen. Er hält die Gesundheit zu leicht für selbstverständlich. Solche Oberflächlichkeit endet zu oft mit Schrecken. Plötzlich findet der Arzt bei einer Routineuntersuchung einen lebensbedrohlichen Tumor. Was nun? Wer Gesundheit zur Hauptsache erklärt, programmiert sich auf Zusammenbruch. Ich werde meine Gesundheit wie jeder andere auch irgendwann verlieren. Was ist dann die Hauptsache in meinem Leben?

Was der Standardwunsch bei Geburtstagen war – »Hauptsache Gesundheit!« –, wurde in der Coronavirus-Zeit zur täglichen, fast beschwörenden Grußformel: »Bleiben Sie gesund!«

Wir hatten uns mit der Illusion eingelullt, dass gegen jede Krankheit ein Heilmittel oder eine Heilmethode vorhanden ist. Dieses Sicherheitsgefühl bestimmte besonders die Menschen, die wie wir in Ländern mit vergleichsweise sehr guter medizinischer Versorgung leben. Dann trat das Coronavirus SARS-CoV-2 seine Reise um die Welt an. Kein Impfstoff schützte dagegen. Es gab keine erprobte Therapie gegen die dadurch verursachte Krankheit Covid-19. Die Experten mussten das eingestehen.

Angst breitete sich aus.

Ich postete am 25. März 2020 auf Facebook:

Ich höre und lese, dass die Alten durch das Coronavirus besonders gefährdet sind und deshalb geschützt werden müssen. Ich bin gestern 79 geworden und gehöre also definitiv zu dieser Gruppe. Ich gebe meinen Altersgenossen einen doppelten Rat:

1. Betet: ›Unser Leben währet 70 Jahre, und wenn's hoch kommt, so sind's 80 Jahre … Lehre uns bedenken, dass wir sterben müssen, auf dass wir klug werden.‹ (Psalm 90,10.12)

2. Bekehrt euch zu Jesus Christus. Dann könnt ihr mit dem Apostel Paulus sagen: ›Christus ist mein Leben, und Sterben ist mein Gewinn‹ (Philipper 1,21). Jesus ist für uns am Kreuz gestorben und Gott hat ihn am Ostermorgen auferweckt. ER allein vergibt uns unsere Sünden und versöhnt uns mit Gott. ER hat den Tod besiegt. ›In Jesus hab ich hier das beste Leben und sterb ich, wird er mir ein besseres geben.‹

Da meine Altersgenossen meist nicht bei Facebook sind, empfehle ich den Jüngeren, diese Nachricht mit herzlichen Grüßen vorzulesen oder auszudrucken und weiterzugeben.

›Dass Jesus siegt, bleibt ewig ausgemacht, sein ist die ganze Welt.‹ Gratulation allen, die sagen: ›Sein sind auch wir.‹ Halleluja!

In wenigen Tagen erreichte diese Nachricht über 39 000 Personen.

Wir sind noch mittendrin, während ich dies schreibe. Wie wird die Lage sein, wenn Sie, liebe Leser, dieses Buch in der Hand halten?

Was ist die Folge, wenn »Hauptsache Gesundheit!« nicht nur ein persönlicher Wunsch, sondern auch der wichtigste Maßstab für alles politische Handeln wird?

Nie da gewesen: Gottesdienste werden vom Staat verboten. Das Verbot wird von den Kirchen begrüßt. Bisher kannte man das nur aus Diktaturen. Im April 2020 fanden das 97 Prozent der Bevölkerung in Deutschland gut. Freiheitsrechte wurden eingeschränkt – zunächst sogar ohne Zeitangabe.

Der Bundestagspräsident Wolfgang Schäuble antwortete in einem Interview mit der Berliner Zeitung DER TAGESSPIEGEL am 26. April 2020 auf die Frage nach den Maßstäben des politischen Handelns in dieser Krise:

Man tastet sich da ran. Lieber vorsichtig – denn der Weg zurück würde fürchterlich. Aber wenn ich höre, alles andere habe vor dem Schutz von Leben zurückzutreten, dann muss ich sagen: Das ist in dieser Absolutheit nicht richtig. Grundrechte beschränken sich gegenseitig. Wenn es überhaupt einen absoluten Wert in unserem Grundgesetz gibt, dann ist das die Würde des Menschen. Die ist unantastbar. Aber sie schließt nicht aus, dass wir sterben müssen.

Gesundheit wurde früher von der Weltgesundheitsorganisation (WHO) so definiert: »Gesundheit ist ein Zustand vollkommenen körperlichen, geistigen und sozialen Wohlbefindens und nicht allein das Fehlen von Krankheit und Gebrechen.« Nach diesem Maßstab gibt es wohl nur Kranke und solche, die noch nicht zum Arzt gegangen sind.

In der Corona-Krise ging es aber offensichtlich vor allem ums Sterben. Beunruhigend waren ja nicht die vielen Fälle von Covid-19, die mit geringen oder erträglichen Symptomen verliefen, sondern die sehr schweren Fälle, die künstliche Beatmung nötig machten. Und von den künstlich beatmeten Patienten sind viele gestorben. In Deutschland sterben an jedem Tag durchschnittlich 2 400 Menschen. Dass die im Zusammenhang mit Covid-19 Gestorbenen so große Angst auslösten, hängt wohl mit der Tatsache zusammen, dass gegen diese Krankheit keine Therapie und auch keine Impfung zur Verfügung standen. Die Hoffnung, bei schweren Verläufen das Sterben abwenden zu können, hatte keine hinreichende Begründung.

Wenn es keine Hoffnung über den Tod hinaus gibt, ist der Tod die endgültige Vernichtung aller Hoffnungen. Dann wird verständlicherweise die Verlängerung des Lebens ein so wichtiges Ziel, dass schon das Reden über das Sterben zum Tabu wird. Wer aber getrost sterben kann, wird auch zuversichtlich leben. Angesichts der panischen Angst in der aktuellen Seuchenzeit muss man fragen: Können viele nicht zuversichtlich leben, weil sie nicht getrost sterben können?

Jesus hat Massen von Menschen geheilt. Das ist unübersehbar, wenn man die Evangelien liest. Diese Heilungswunder werden in der Bibel »Zeichen« genannt. Sie sind Wegweiser. Wohin? Zur neuen Welt, die Gott am Ende der Zeit schaffen wird. Dem Apostel Johannes zeigt Jesus diese neue Welt. Er berichtet:

Und ich sah einen neuen Himmel und eine neue Erde;
denn der erste Himmel und die erste Erde sind vergangen,
und das Meer ist nicht mehr. Und ich sah die heilige Stadt,
das neue Jerusalem, von Gott aus dem Himmel herabkom-
men, bereitet wie eine geschmückte Braut für ihren Mann.
Und ich hörte eine große Stimme von dem Thron her, die
sprach: Siehe da, die Hütte Gottes bei den Menschen! Und
er wird bei ihnen wohnen, und sie werden seine Völker
sein und er selbst, Gott mit ihnen, wird ihr Gott sein; und
Gott wird abwischen alle Tränen von ihren Augen, und der
Tod wird nicht mehr sein, noch Leid noch Geschrei noch
Schmerz wird mehr sein; denn das Erste ist vergangen.

Offenbarung 21,1-4

Schon der Prophet Jesaja hat über 700 Jahre vor Jesus angekündigt,
dass die Blinden sehen, die Tauben hören, die Gelähmten springen,
die Stummen Gott lobsingen werden, wenn der Messias kommt
(Jesaja 35,5-6). Als Johannes der Täufer im Gefängnis saß, schickte
er Boten zu Jesus. Sie sollten ihn fragen, ob er der verheißene Messias war oder nicht. Jesus nannte den Boten die Erkennungszeichen,
die Jesaja angekündigt hat (Matthäus 11,1-6).

So macht die Bibel überaus klar, dass Heilung und Gesundheit
zu Gottes Plan mit der Welt gehören. Vollkommen gesund werden wir aber erst in Gottes neuer Welt sein. Auf dieses Ziel freuen
wir uns, wenn wir Jesus nachfolgen. Unterwegs dahin erleben wir
immer wieder Zeichen von wunderbarer Heilung – mit und ohne
ärztliche Hilfe. Zeichen und Wegweiser sind nicht das Ziel, sie weisen den Weg zum Ziel.

Eines der stärksten Zeichen solcher Heilung tat Jesus im Jeru-
salemer Bethesda-Krankenhaus. In den Hallen um die Teiche lag
unter den Kranken einer, der war seit 38 Jahren gelähmt. Jesus

heilte ihn durch ein Wort. Jesus traf den Geheilten später auf dem Tempelgelände und sagte:

> Siehe, du bist gesund geworden; sündige nicht mehr, dass dir nicht etwas Schlimmeres widerfahre.
>
> *Johannes 5,14*

Was kann es Schlimmeres geben, als 38 Jahre gelähmt zu sein? Jesus sagt: Sünde. Sie trennt von Gott und bewirkt ewige Verdammnis. Man kann also körperlich topfit in die Hölle laufen.

Wir werden noch der Frage nachgehen, was nach dem Sterben kommt. Ob und wie wir diese Frage beantworten, hat für die Einstellung zum Leben vor dem Tod erhebliche Bedeutung. Wie wir in Corona-Zeiten gelernt haben, gilt das nicht nur für das Leben jedes Einzelnen, sondern auch für ganze Gesellschaften.

FRAGE 8

Gott vielleicht – aber warum Jesus?

In diesem Kapitel kommen wir zur Kernfrage dieses Buches. Beim Lesen wird Ihnen aufgefallen sein, dass auch unter den anderen Fragen gute Gründe für den Glauben an Jesus geliefert wurden. Das wird auch in den folgenden Kapiteln so sein.

Ich bin allerdings immer wieder Menschen begegnet, die es für falsch hielten, alles auf den Glauben an Jesus zuzuspitzen. Das sei zu eng, ausgrenzend und schüre nur die religiösen Konflikte. Man solle allgemeiner den Glauben an Gott in den Blick nehmen. Dann könne man auch andere Religionen mit einbeziehen.

Andere können mit Gott gar nichts anfangen, finden aber Jesus inspirierend und vorbildlich. Sie preisen ihn als Lehrer der Nächstenliebe und Gewaltlosigkeit. Aussagen, dass er Gottes Sohn sei, sein Tod am Kreuz zur Versöhnung mit Gott nötig sei, seine Auferstehung, Himmelfahrt und sein Wiederkommen zum Gericht – das alles seien nachträgliche dogmatische Erfindungen von Theologen. Vor allem Paulus wird verdächtigt, diesen ganzen dogmatischen Überbau erfunden zu haben. Er habe aus dem Lehrer Jesus den Sohn Gottes gemacht. Er und seinesgleichen hätten die heute völlig unverständlichen dogmatischen Konstruktionen entwickelt. Sie hätten dem unbegreiflichen Tod des Jesus von Nazareth dadurch eine positive Bedeutung geben wollen.

Solche Behauptungen sind nicht neu. Von Anfang an haben Feinde des christlichen Glaubens solche Vorwürfe erhoben. Seit fast dreihundert Jahren gibt es allerdings auch innerhalb der christlichen Kirchen eine heftige Auseinandersetzung um die Frage, wer Jesus wirklich war und welche Bedeutung er heute hat.

Die Bibel selbst lesen

Dieses Buch trägt den Titel »Jesus vertrauen«. Und ich behaupte sogar, dass es gute Gründe gibt, ihm zu vertrauen. Das setzt voraus, dass wir wissen, wer Jesus ist. Ja, sage ich, das wissen wir. Die vier Evangelien im Neuen Testament berichten über sein Leben, seine Worte und Taten, sein Leiden und Sterben, seine Auferstehung, Himmelfahrt und sein Wiederkommen zum Weltgericht.

Ich schlage Ihnen vor, die Evangelien im Zusammenhang zu lesen. Das Markusevangelium ist das kürzeste. Wenn man langsam liest, ist man in drei Stunden durch. Oder das Matthäusevangelium: vier Kapitel pro Tag und man hat in einer Woche die 28 Kapitel gelesen. Ja, es ist sinnvoll, kurze Abschnitte in Ruhe mehrmals zu lesen und zu bedenken. Aber auch durch das schnellere Lesen des ganzen Zusammenhangs gewinnen wir wichtige Einsichten.

Die Berichte der Evangelien sind eingebettet in die Vorgeschichte Gottes mit der Welt und dem Volk Israel, wie sie im Alten Testament dokumentiert wird. Wer Jesus ist, verstehen wir nur, wenn wir diesen Zusammenhang sehen. Darauf wird in den Evangelien immer wieder hingewiesen. Und die Wirkungen seines Kommens werden in den Schriften des Neuen Testamentes beschrieben. Wer also die Bibel liest, lernt Jesus kennen. Er findet darin die guten Gründe, ihm zu glauben.

Womit alles steht und fällt

Wie schon gesagt, haben Kritiker die biblische Botschaft schon immer angezweifelt und als Irrtum oder Lüge abgelehnt. Im Mittelpunkt der Auseinandersetzung stand und steht die Frage, ob Jesus wirklich vom Tode auferweckt wurde oder nicht. Der Apostel Paulus hatte zunächst die Jesus-Nachfolger und ihre Botschaft bekämpft. Dann begegnete er dem auferstandenen Jesus auf der Straße vor Damaskus und wurde sein wichtigster Bote.

Er schreibt in einem Brief an die Christengemeinde in Korinth, dass der Glaube leer und nichtig, die christliche Verkündigung Lüge und die Hoffnung auf die Auferstehung der Toten unbegründet sei, wenn Jesus nicht tatsächlich auferstanden ist. Und die Tatsache, dass Jesus am Kreuz für unsere Sünden gestorben ist und begraben wurde, dass er am dritten Tage auferstand, wie es in den Schriften des Alten Testamentes angekündigt wurde, wird dadurch bestätigt, dass der auferstandene Jesus von verschiedenen Menschen zu verschiedenen Zeiten an verschiedenen Orten gesehen wurde. Zuletzt auch von Paulus selbst.

Paulus beschreibt im ersten Korintherbrief (Kapitel 15,1-20), dass damit der Glaube an Jesus Christus steht und fällt. Auch in den vier Evangelien finden wir die Berichte der Menschen, die als Schüler drei Jahre mit Jesus gelebt haben sowie Zeugen seines Todes und seiner Auferstehung geworden sind. Sie berichten, wie der Auferstandene selbst ihre hartnäckigen Zweifel überwunden hat.

Jeder Leser kann sich heute durch das Studium der Bibeltexte ein eigenes Bild machen. Er kann die Indizien prüfen, die für die tatsächliche Auferstehung von Jesus sprechen. Dann kann er entscheiden, ob er Jesus vertrauen will oder nicht. Ich schreibe in späteren Kapiteln über Indizien für die Auferstehung und darüber, wie Glauben und Wissen zusammenhängen.

Verwirrende Kritik an der Bibel

Jetzt will ich auf eine radikale Kritik an den Aussagen der Bibel eingehen, die in den letzten drei Jahrhunderten die Auseinandersetzung verschärft hat. In dieser Zeit hat sich in den Wissenschaften die Auffassung durchgesetzt, dass man die Welt so erforschen muss, als gäbe es Gott nicht. Das hat in vielen Bereichen seine volle Berechtigung, weil Gott nicht unter dem Mikroskop zu finden ist. Der Schöpfer ist nicht Teil seiner Schöpfung. Der Schreiner ist nicht Teil des Tisches, den er gebaut hat. Man kann vielleicht beim Betrachten des Tisches auf den Gedanken kommen, dass er von einem guten Handwerker gebaut worden ist. Aber der Schreiner ist nicht im Tisch. Wer will, kann seine Existenz leugnen und behaupten, der Tisch sei irgendwie zufällig zustande gekommen.

Ich finde folgende Tatsache aufschlussreich: Die modernen Naturwissenschaften wurden von Menschen wie Galileo, Kepler, Pascal, Newton, Faraday entwickelt, die an Gott glaubten und darum überzeugt waren, dass in seiner Schöpfung Gesetzmäßigkeiten zu erkennen seien.[3] Sie glaubten nicht, dass Sonne, Mond, Erde und Gestirne Gottheiten waren, die man verehren müsse, aber nicht untersuchen dürfte. Das hatten sie durch das Lesen der Bibel gelernt. Schon im ersten Kapitel der Bibel werden Sonne, Mond und Sterne als Beleuchtungskörper beschrieben, die Gott erschaffen hat. Die Bibel bestreitet glatt, was die Religionen ringsum behaupteten, nämlich dass die Himmelskörper als Götter verehrt werden müssten, weil sie das Schicksal der Menschen bestimmten.

Wissenschaftliche Weltbetrachtung steht also nicht im Widerspruch zum Glauben an Gott. Im Gegenteil. Der Glaube an Gott inspiriert zur Erforschung der Welt. Und die Erforschung der Welt führt zum Lob Gottes, des Schöpfers und Erhalters der Welt.

Dann aber breitete sich in Europa die Vorstellung aus, dass Gott die Welt höchstens in der Weise geschaffen habe, wie ein Uhrmacher eine Uhr herstellt. Ist die Uhr gebaut, läuft sie, ohne dass der Uhr-macher eingreift. Von da aus war der Schritt schnell zu der Mei-nung getan, dass dieser Uhrmacher-Gott nur ein Lückenbüßer für Unwissende sei. Die Wissenschaft würde irgendwann auch ohne die Gottesvorstellung erklären können, wie die Welt entstanden ist.

Wenn man mit der Brille dieser Weltanschauung die Bibel liest, kann es Gott nicht wirklich geben, auch nicht sein Reden und Han-deln in Natur und Geschichte, keine Wunder, keine Offenbarung Gottes durch Propheten, erst recht nicht durch den Sohn Gottes, Jesus Christus. Die Wunderberichte müssen aus dieser Sicht Erfin-dungen von Menschen sein, ebenso wie die Versöhnung der Welt durch den Kreuzestod und die Auferstehung von Jesus.

Aber solche Behauptungen haben eigentlich nichts mit Wissen-schaft zu tun. Sie sind die logischen Folgen einer weltanschaulichen Entscheidung, einer Glaubensentscheidung. So haben wir es heute mit Wissenschaftlern zu tun, die die Existenz, das Reden und Han-deln Gottes leugnen, und solchen, die an den lebendigen Gott, wie er sich in der Bibel offenbart hat, glauben.

Man müsste annehmen, dass Leute, die das tatsächliche Reden und Handeln Gottes leugnen, aus der Kirche austreten und sich vom christlichen Glauben distanzieren. Das tun sehr viele aber nicht. Sie sagen, es gehe beim christlichen Glauben gar nicht um Tatsachen, die in Natur und Geschichte geschehen sind. Es gehe um die Gefühle und Anschauungen, die gläubige Menschen in Legenden und Mär-chen ausdrücken und auch früher ausgedrückt hätten. Und irgend-eine Wahrheit liege ja in jedem Märchen. Jeder könne in den vielen Geschichten, die in der Welt erzählt werden, die Wahrheiten finden, die ihn überzeugen und die er als hilfreich empfindet.

Ziemlich verwirrend, nicht wahr? So ist die Lage. Das Ringen um die Wahrheit bleibt niemandem erspart. Auch nicht die Ent-scheidung für oder gegen den Glauben an den lebendigen Gott, der sich in Jesus Christus offenbart hat.

Wer ist Jesus?

Wer eine Antwort auf diese Frage sucht, der lese die Bibel und fange in den Evangelien des Neuen Testamentes an.

Ich will Sie, liebe Leser, hier auf die Aussagen hinweisen, die Jesus über sich selbst gemacht hat. Ja, ich gehe dabei von der Glaubwürdigkeit der biblischen Berichte aus.

Es sei nicht verschwiegen: Viele Theologen in den Kirchen und Universitäten bestreiten die Echtheit der Jesus-Worte, wie sie uns in den Evangelien überliefert sind. Sie bestreiten, dass Jesus die Zerstörung des Tempels in Jerusalem vorausgesagt habe. Ebenso bestreiten sie, dass Jesus sein Leiden, Sterben am Kreuz und seine Auferstehung am dritten Tag vorausgesagt habe. Erst recht bestreiten sie, dass er sein Kommen als Weltrichter angekündigt habe. Diese Worte seien später von der christlichen Gemeinde gebildet und Jesus in den Mund gelegt worden. Die Begründung ist verblüffend platt: Niemand kann voraussagen, was erst in Zukunft geschieht. Es gibt nach dieser Weltanschauung nur die eine uns bekannte Welt mit Ursachen und Wirkungen. Tatsache ist nur, was auch sonst schon mal passiert und was wir wiederholen können.

Was hat Jesus über sich selbst gesagt? Ich weise auf drei Bezeichnungen hin: Messias (Christus), Menschensohn, Gottesknecht.

Jedem Bibelleser fällt auf, dass Jesus im Blick auf den Messias-Titel merkwürdig zurückhaltend ist. Wenn Menschen ihn so bezeichnen, gebietet er ihnen oft zu schweigen. Besonders wichtig ist das Christus-Bekenntnis des Simon Petrus:

> Und Jesus ging fort mit seinen Jüngern in die Dörfer bei
> Cäsarea Philippi. Und auf dem Wege fragte er seine Jünger
> und sprach zu ihnen: Wer, sagen die Leute, dass ich sei?
> Sie aber sprachen zu ihm: Sie sagen, du seiest Johannes

der Täufer; andere sagen, du seiest Elia; wieder andere, du seiest einer der Propheten. Und er fragte sie: Ihr aber, wer, sagt ihr, dass ich sei? Da antwortete Petrus und sprach zu ihm: Du bist der Christus! Und er gebot ihnen, dass sie niemandem von ihm sagen sollten.

Markus 8,27-30

Vom Messias, dem verheißenen König Israels in der Nachfolge des Königs David, erwartete man damals vor allem die Befreiung von der römischen Unterdrückung. Diesen politischen Erwartungen verweigert sich Jesus. Aber das Messias-Bekenntnis des Petrus bestätigt Jesus ausdrücklich, wie uns im Matthäusevangelium (16,17) berichtet wird:

Und Jesus antwortete und sprach zu ihm: Selig bist du, Simon, Jonas Sohn; denn Fleisch und Blut haben dir das nicht offenbart, sondern mein Vater im Himmel.

Jesus benutzt von sich aus sehr oft die Bezeichnung »Menschensohn«. In den vier Evangelien gebraucht er diesen Titel 79-mal, wenn er von sich selbst spricht. Uns erscheint dieses Wort wie eine etwas umständliche Bezeichnung für Mensch. Jeder bibelkundige Jude wusste aber, dass seit der Prophetie Daniels dieses Wort den Weltherrn und Weltrichter bezeichnet. Daniel sieht die Völker vor dem Thron Gottes zum Gericht versammelt. Dann lesen wir:

Ich sah in diesem Gesicht in der Nacht, und siehe, es kam einer mit den Wolken des Himmels wie eines Menschen Sohn und gelangte zu dem, der uralt war, und wurde vor ihn gebracht. Ihm wurde gegeben Macht, Ehre und Reich, dass ihm alle Völker und Leute aus so vielen verschiedenen Sprachen dienen sollten. Seine Macht ist ewig und vergeht nicht, und sein Reich hat kein Ende. Ich, Daniel, war entsetzt, und dies Gesicht erschreckte mich.

Daniel 7,13-15

Zum Befremden für alle biblisch gebildeten Zeitgenossen hat Jesus den Titel Menschensohn auf sich selbst bezogen. Schließlich wurde er deswegen als Gotteslästerer vom Hohen Rat in Jerusalem zum Tode verurteilt:

Und der Hohepriester sprach zu ihm: Ich beschwöre dich bei dem lebendigen Gott, dass du uns sagst, ob du der Christus bist, der Sohn Gottes. Jesus sprach zu ihm: Du sagst es. Doch sage ich euch: Von nun an werdet ihr sehen den Menschensohn sitzen zur Rechten der Kraft und kommen auf den Wolken des Himmels. Da zerriss der Hohepriester seine Kleider und sprach: Er hat Gott gelästert! Was bedürfen wir weiterer Zeugen? Siehe, jetzt habt ihr die Gotteslästerung gehört. Was ist euer Urteil? Sie antworteten und sprachen: Er ist des Todes schuldig.

Matthäus 26,63-66

Jesus hat auf dreifache Weise von sich als dem Menschensohn (Weltrichter) geredet. Oft spricht er von sich als dem kommenden Weltrichter. So finden wir es mehrfach in den Kapiteln Matthäus 24 und 25.

Zweitens gebraucht er diesen Titel, wenn er die Vollmacht für sich in Anspruch nimmt, Sünden zu vergeben. Als er einem

Gelähmten die Vergebung der Sünden zuspricht, empören sich die jüdischen Theologen über die Anmaßung, weil nur Gott selbst Sünden vergeben kann. Jesus reagiert darauf so:

> Und Jesus erkannte alsbald in seinem Geist, dass sie so bei sich selbst dachten, und sprach zu ihnen: Was denkt ihr solches in euren Herzen? Was ist leichter, zu dem Gelähmten zu sagen: Dir sind deine Sünden vergeben, oder zu sagen: Steh auf, nimm dein Bett und geh umher? Damit ihr aber wisst, dass der Menschensohn Vollmacht hat, Sünden zu vergeben auf Erden – sprach er zu dem Gelähmten: Ich sage dir, steh auf, nimm dein Bett und geh heim!
>
> *Markus 2,8-11*

Der dritte Gebrauch des Titels Menschensohn ist der überraschendste. Jesus beschreibt darin, wie der Weltrichter seinen Dienst jetzt ausführen wird: Der Richter wird die Vollstreckung des Urteils, das er über die Sünder fällen muss, stellvertretend selbst übernehmen. Die drei Ankündigungen seines Sterbens und Auferstehens beginnt er immer mit der Bezeichnung Menschensohn:

> Der Menschensohn muss viel leiden und verworfen werden von den Ältesten und Hohenpriestern und den Schriftgelehrten und getötet werden und nach drei Tagen auferstehen.
>
> *Markus 8,31; vgl. Markus 9,31; 10,33 ff.*

Wie passt das Leiden und Sterben zum Menschensohn, der doch der Herr und Richter der Welt ist? Seine Jünger verstehen diese

Ankündigungen nicht. Das wird immer wieder deutlich. Kein Wunder. Nach der Prophetie des Daniel muss das Volk Gottes den Menschensohn in Macht und Herrlichkeit erwarten. Das hat Jesus in anderen Worten auch bestätigt (Matthäus 24–26). In der Leidensankündigung verbindet er die Prophetie Daniels vom kommenden Menschensohn mit der Prophetie aus Jesaja 53 vom leidenden Gottesknecht, der stellvertretend die Strafe für uns trägt. Und so beschreibt Jesus seinen Dienst:

> Denn auch der Menschensohn ist nicht gekommen, dass er sich dienen lasse, sondern dass er diene und sein Leben gebe als Lösegeld für viele.
>
> *Markus 10,45*

Dieses Wort widerlegt alle, die behaupten, Jesus sei nur ein Lehrer gewesen und habe nichts von Erlösung durch sein Sterben gesagt. Wer trotzdem an der Behauptung festhält, erklärt damit die Apostel und die Jesus-Nachfolger der ersten Generation zu bewussten Lügnern und Fälschern. Wer das will, kann das tun. Er sollte aber diesen Vorwurf offen aussprechen und begründen und nicht schönreden und religiös verschleiern. Mit solcher feindseligen Kritik haben sich die Christen von Anfang an auseinandersetzen müssen.

Durch Jesus Gott kennen

Kommen wir zur Leitfrage dieses Kapitels zurück. Gott vielleicht – warum aber Jesus? Jesus lebt und stirbt als der Messias, Menschensohn und Gottesknecht. Gott bestätigt ihn durch die Auferstehung. Gott selbst offenbart sich in Jesus, der mit Recht sagt:

Wer mich sieht, der sieht den Vater! (Johannes 14,9); und:

Ich und der Vater sind eins (Johannes 10,30).

Durch Jesus lernen wir Gott kennen. Wir müssen nicht länger über seine Existenz im Zweifel sein. Wir können auch wissen, wer er ist. Durch Jesus lernen wir Gott als den heiligen Richter und den liebenden Vater kennen, der selbst in Jesus unser Gericht auf sich nimmt und uns rettet. Gott ist also kein vages höheres Wesen, keine unsichere Vermutung, kein abstrakter philosophischer Gedanke. Er ist Schöpfer, Erhalter, Retter, Richter und Vollender der Welt. In Jesus hat er sich aller Welt offenbart. Unser aller Leben hängt von ihm ab. Alle Menschen sollen deshalb die Nachricht hören:

Gott war in Christus und versöhnte die Welt mit ihm selber und rechnete ihnen ihre Sünden nicht zu und hat unter uns aufgerichtet das Wort von der Versöhnung. So sind wir nun Botschafter an Christi statt, denn Gott ermahnt durch uns; so bitten wir nun an Christi statt: Lasst euch versöhnen mit Gott! Denn er hat den, der von keiner Sünde wusste, für uns zur Sünde gemacht, auf dass wir in ihm die Gerechtigkeit würden, die vor Gott gilt.

2. Korinther 5,19-21

Über die Folgen und Nebenwirkungen des Glaubens an Jesus für unser Leben habe ich bereits geschrieben und werde ich noch Weiteres schreiben. Jetzt aber wenden wir uns zunächst der Frage zu, ob wir wirklich etwas wissen können oder ob der Glaube doch nur ein unsicheres Vermuten ist.

FRAGE 9

Fängt der Glaube an, wo das Wissen aufhört?

Der Satz »Der Glaube fängt an, wo das Wissen aufhört« wird nach meiner Erfahrung ziemlich oft gesagt. In diesem Kapitel behaupte ich, dass er trotzdem ziemlich falsch ist. Ich werde das begründen.

In der deutschen Sprache wird das Wort »glauben« in unterschiedlichen Bedeutungen gebraucht. »Ich glaube, es ist halb zehn.« Wer das sagt, weiß es nicht genau, vermutet aber, dass es ungefähr zutrifft. Wir sagen ziemlich oft »glauben«, wenn wir etwas nicht genau wissen, sondern nur vermuten. Dabei können wir mehr oder weniger gute Gründe für unsere Vermutung haben.

Ich gehe oft mit meiner Frau um den Schlossteich im Kasseler Bergpark Wilhelmshöhe spazieren. Im Winter ist der Teich manchmal zugefroren. Auf einem gelben Schild steht, das Betreten der Eisfläche sei verboten. Gesetzt den Fall, ich sage zu meiner Frau: »Ich glaube, das Eis trägt schon, wenn man darüber läuft.« Das ist eine bloße Vermutung, wenn weit und breit niemand über das Eis läuft. Sie ist auch völlig belanglos, wenn ich gar nicht die Absicht habe, die Eisfläche zu betreten. Doch es kann gefährlich werden, wenn ich nur aufgrund meiner Vermutung Schritte über das Eis wage. Dann glaube ich im Sinne von Vertrauen. Ich vertraue darauf, dass die Eisdecke dick genug ist und mich trägt.

Dieser Alltagsgebrauch des Wortes »glauben« im Sinne von »vermuten« prägt nach meiner Beobachtung sehr stark unsere Rede vom Glauben an Gott. Man weiß es nicht genau, vermutet aber, es könne eine höhere Macht geben. Und wenn man nur vermutet, dass es diese höhere Macht gibt, kann man auch nicht wissen, was oder wer oder wie sie ist. Und was ich nicht weiß, macht mich nicht heiß. Es ist wohl nicht ratsam, aus unsicheren Vermutungen irgendwelche Konsequenzen zu ziehen, oder? Also spielt ein solcher Glaube im Leben praktisch keine große Rolle.

Durch Glauben entsteht Wissen

Wie funktioniert unser Leben im Alltag? Wir essen Speisen, die wir nicht selbst gekocht haben. Wir prüfen vor dem Essen nicht, ob die Speisen vergiftet sind. Das machen nur Diktatoren, weil sie Angst haben müssen, ermordet zu werden. Sie halten sich dafür Vorkoster. Wir normalen Menschen leisten uns einen solchen Sicherheitsluxus nicht. Wir glauben einfach, dass uns niemand etwas Böses will. Wir glauben auch, dass niemand Gift aus Versehen ins Essen gemischt hat. Fragen Sie sich gerne einmal selbst, wann Sie das letzte Mal Ihre Speisen vor dem Essen auf Gift getestet haben. Gut, Sie leben ja noch. Ihr Vertrauen ist nicht enttäuscht worden. Sie haben der Köchin geglaubt. Das heißt, Sie haben ihr praktisch vertraut. Nach dem Essen ist aus dem Glauben ein Wissen geworden. Sie wissen genau, dass kein Gift in der Speise war.

So leben wir eigentlich alle Tage. Wir steigen zu anderen ins Auto. Wir glauben, dass sie Auto fahren können und dass sie uns nicht verletzen oder umbringen wollen. Wenn wir heil ausgestiegen sind, wissen wir es genau. Aus Glauben ist Wissen geworden.

Das ist normal. Wenn jemand Angst hat, jedes Getränk, jede Speise sei vergiftet, jede Autofahrt würde mit einem Unfall enden, wird er lebensunfähig. Es gibt leider Menschen mit solchen zwanghaften Ängsten. Sie brauchen ärztliche Hilfe.

Streng genommen entsteht alles Wissen aus dem Glauben. Auch in der Naturwissenschaft. Man hat Vermutungen und stellt Behauptungen auf. Diese nennt man Hypothesen. Dann macht man Experimente. Man unterzieht die Behauptungen einer praktischen Anwendung. Nach diesem Test weiß man, ob die Vermutung ganz oder teilweise richtig oder falsch war. Es gibt auch in der Naturwissenschaft Experimente, die ziemlich gefährlich sind. Glaubenswagnisse sind nötig, um Erkenntnisse zu gewinnen.

Allerdings muss nicht jeder die Experimente selbst machen, um die Erkenntnisse zu gewinnen. Es reicht, dass verschiedene Wissenschaftlicher sie mehrmals wiederholt und die Ergebnisse dokumentiert haben. Dann kann ich dieses Wissen verwenden, auch wenn ich es nicht selbst durch ein Experiment erworben habe. Das gilt für das Wissen über Sachverhalte.

Bei Personen ist es anders. Wenn ich wissen will, ob meine Frau mich liebt, kann ich die Erforschung zur Beantwortung dieser Frage nicht anderen übertragen. Würde ich Psychologen oder Privatdetektive mit der Überprüfung ihrer Liebeserklärung beauftragen, würde ihre Liebe schon durch das Verfahren zerstört. Ich kann nur Gewissheit bekommen, wenn ich selbst Vertrauen wage, mich ihrer Liebe aussetze und erfahre, dass sie mich tatsächlich liebt. Was bei Sachen und Sachverhalten eine erfolgreiche Methode ist, wirkt bei Personen zerstörerisch.

Wir müssen ja oft entscheiden, ob wir einem Menschen vertrauen wollen oder nicht. Je nachdem, wie gut wir ihn kennen, ist die Wahrscheinlichkeit größer oder kleiner, dass er unser Vertrauen nicht enttäuscht. Gewissheit bekommen wir nur dadurch, dass wir ihm glauben, also Vertrauen wagen, und dadurch eine Erkenntnis gewinnen. Glauben führt zum Wissen.

So funktioniert das Leben. Darum wundere ich mich über die Behauptung, dass der Glaube anfängt, wo das Wissen aufhört. Jedem Menschen kann man an seinem eigenen Verhalten jeden Tag nachweisen, dass er durch Glauben zum Wissen gelangt.

Was hat das mit dem Glauben an Gott zu tun?

Das möchte ich an einem Bericht in der Bibel zeigen. Er steht im Johannesevangelium, Kapitel 6. Jesus hatte durch seine wunderbaren Heilungen Aufmerksamkeit und Sympathie bei sehr vielen Menschen gewonnen. Tausende wollten ihn sehen und hören. Sie wollten ihn sogar zum König machen. Jesus verweigerte sich ihren Wünschen. Er sprach davon, dass er das Brot des Lebens sei und dass er nur durch die Hingabe seines Lebens den Menschen zum wirklichen, ewigen Leben mit Gott helfen könne. Das gefiel den begeisterten Anhängern gar nicht. Die Massen bröckelten ab. Der Trend führte weg von Jesus. Wir lesen:

> Von da an wandten sich viele seiner Jünger ab und gingen hinfort nicht mehr mit ihm. Da fragte Jesus die Zwölf: Wollt ihr auch weggehen? Da antwortete ihm Simon Petrus: Herr, wohin sollen wir gehen? Du hast Worte des ewigen Lebens; und wir haben geglaubt und erkannt: Du bist der Heilige Gottes.
>
> *Johannes 6,66-69*

Die Stimmung war schlecht. Jesus riskierte mit seiner Frage viel. Die Antwort von Simon Petrus zeigt, wie er und die anderen Jünger zu der Erkenntnis gekommen sind, dass Jesus der Repräsentant Gottes ist, durch dessen Wort sie Leben mit Gott, ewiges Leben haben. »Wir haben geglaubt und erkannt …«.

Worin bestand ihr Glaube? Jesus hatte sie gerufen, sie waren ihm gefolgt und hatten ihr alltägliches Leben nach ihm gerichtet. Sie wussten ja längst nicht alles über Jesus. Seine Kreuzigung und seine Auferstehung waren noch nicht geschehen. Ihr Glaube bestand also nicht im Fürwahrhalten umfangreicher Dogmen, sondern in alltäglichen Schritten des Vertrauens und Gehorsams. Sie hatten ihr Leben nach Jesus ausgerichtet. Und auf diesem Weg hatten sie die Erkenntnis gewonnen: »Du bist der Heilige Gottes.«

Simon Petrus und die anderen hatten durch Glauben Wissen erlangt. Das ist also der ganz normale Weg zur Erlangung von Wissen, wie wir uns das vorher auch klargemacht haben.

Nun bin ich in Gesprächen oft aufgefordert worden: »Beweise mir Gott! Dann glaube ich an ihn.« Dahinter steckt die Meinung, ich müsste meinen Gesprächspartnern ein Experiment vorführen wie der Chemielehrer seiner Schulklasse. Sie selbst würden zuschauen und je nach Ergebnis entscheiden, ob sie an Gott glauben wollen oder nicht. Die Erwartung wäre berechtigt, wenn Gott eine Sache wie z. B. Kochsalz wäre. Aber wir haben gesehen, dass schon die Wissensfindung zwischen Personen nicht so funktioniert wie bei Sachen. Ist es angemessen, zu fordern, dass Gott wie eine Sache erforschbar sein soll? Müssen wir nicht mindestens die Erkenntnismethode für Personen anwenden?

Nichts anderes erwartet Jesus. Er erklärt zweifelnden Kritikern, wie sie zur Erkenntnis der Wahrheit über ihn kommen können:

> Jesus antwortete ihnen und sprach: Meine Lehre ist nicht
> von mir, sondern von dem, der mich gesandt hat. Wenn
> jemand dessen Willen tun will, wird er innewerden, ob
> diese Lehre von Gott ist oder ob ich von mir selbst aus
> rede.
>
> *Johannes 7,16-17*

Jesus sagt nicht, dass jemand den Willen Gottes vollkommen tun
muss, um ihn zu erkennen, sondern dass er willens sein muss, den
Willen Gottes zu tun. Also führt die Bereitschaft zur praktischen
Anwendung dessen, was Jesus sagt, zur Erkenntnis, ob Jesus von
Gott ist oder nicht. Luther übersetzt »innewerden«. Im griechi-
schen Urtext steht das Wort »erkennen«.

Ich erinnere daran, was Jesus über sich selbst gesagt hat. Sein
Leben, Wirken, Sterben und Auferstehen ist die Erfüllung der Aufgabe des Messias Israels, des Menschensohnes (Weltrichter) und
des leidenden Gottesknechtes. Seine Worte sind Gottes Worte. Von
denen sagte er:

> Himmel und Erde werden vergehen; aber meine Worte
> werden nicht vergehen.
>
> *Matthäus 24,35*

Angesichts dieser Behauptungen kommt alles darauf an, dass wir
durch praktische Anwendung zu einer klaren Erkenntnis kommen.
Jesus lädt dazu ein.

Ein kritischer Journalist fragte den früheren Bundespräsiden-
ten Gustav Heinemann, der ein scharfer Denker und bekennender
Christ war, ob man als moderner Zeitgenosse der Bibel glauben
könne. Unvergesslich ist mir Heinemanns Antwort: »Wenn Sie die

Bibel lesen, werden Sie einiges verstehen; wenn Sie es tun, wird Weiteres hell.«

Was hindert mich zu tun, was ich beim Lesen der Bibel verstanden habe? Wir sollten nicht warten, bis wir alles verstanden haben, bevor wir die ersten praktischen Schritte tun. So kommt man bestimmt nicht zu Ergebnissen. Wenn ich nach einem Routenplaner von München nach Berlin fahren will, kann ich ja auch nicht erst losfahren, wenn ich Berlin-Alexanderplatz mit Fernsehturm tatsächlich sehe.

Leider gibt es tatsächlich Gründe, die Menschen daran hindern, das zu tun, was sie verstanden haben. Die Bibel berichtet von einem Beispiel, das heute für uns brandaktuell ist.

FRAGE 10

Gehen Kamele durch ein Nadelöhr?

Die Formulierung ist berühmt, ja fast zum geflügelten Wort geworden: »Es ist leichter, dass ein Kamel durch ein Nadelöhr gehe, als dass ein Reicher ins Reich Gottes komme.« Jesus hat dieses Wort gesagt. Aber was ist mit dem Nadelöhr? Wer versucht denn, ein Kamel durch ein Nadelöhr zu treiben? Das Bild erscheint unsinnig. Schauen wir uns die Geschichte an. Ich behaupte vorweg, dass sich darin eines der aktuellsten Probleme für Deutschland verbirgt.

Hier ist der Bericht nach dem Matthäusevangelium (19,16-26):

> Und siehe, einer trat zu ihm und fragte: Meister, was soll ich Gutes tun, damit ich das ewige Leben habe? Er aber sprach zu ihm: Was fragst du mich nach dem, was gut ist? Gut ist nur der Eine. Willst du aber zum Leben eingehen, so halte die Gebote. Da fragte er ihn: Welche? Jesus aber sprach: ›Du sollst nicht töten; du sollst nicht ehebrechen; du sollst nicht stehlen; du sollst nicht falsch Zeugnis geben; ehre Vater und Mutter‹ (2. Mose 20,12-16); und: ›Du sollst deinen Nächsten lieben wie dich selbst‹ (3. Mose 19,18). Da sprach der Jüngling zu ihm: Das habe ich alles gehal-

ten; was fehlt mir noch? Jesus antwortete ihm: Willst du vollkommen sein, so geh hin, verkaufe, was du hast, und gib's den Armen, so wirst du einen Schatz im Himmel haben; und komm und folge mir nach! Als der Jüngling das Wort hörte, ging er betrübt davon; denn er hatte viele Güter. Jesus aber sprach zu seinen Jüngern: Wahrlich, ich sage euch: Ein Reicher wird schwer ins Himmelreich kommen. Und weiter sage ich euch: Es ist leichter, dass ein Kamel durch ein Nadelöhr gehe, als dass ein Reicher ins Reich Gottes komme. Als das seine Jünger hörten, entsetzten sie sich sehr und sprachen: Ja, wer kann dann selig werden? Jesus aber sah sie an und sprach zu ihnen: Bei den Menschen ist's unmöglich; aber bei Gott sind alle Dinge möglich.

Der Bericht ist auch im Markusevangelium (10,17-27) und im Lukasevangelium (18,18-27) zu finden. Wenn man alle drei Berichte liest, erfährt man einiges über den Mann. Er gehörte zur Führungsschicht der jüdischen Gesellschaft, obwohl noch jung. Er war reich. Er begegnete Jesus mit Respekt. Er war religiös und lebte moralisch anspruchsvoll. Und er war klug. Klugheit erkennt man daran, dass jemand Fragen stellt. Nur dumme Leute meinen, sie wüssten schon alles.

Der Mann hatte eigentlich alles – Geld, Macht, Ansehen. Er muss das Gefühl gehabt haben, das auch heute viele wohlhabende Menschen beschleicht: Das kann doch nicht alles gewesen sein. Es ging ihm nicht um mehr Reichtum. Er fragt: »Meister, was soll ich Gutes tun, damit ich das ewige Leben habe?« Er sucht eine bessere Lebensqualität. Als Jude wusste er, dass »ewiges Leben« nicht nur Leben ohne zeitliches Ende ist. Ewig ist ein Qualitätsbegriff. Gott ist ewig. Das Leben aus Gott hat eine solide Qualität, dass selbst der Tod es nicht zerstören kann. Die göttliche Qualität beweist sich darin, dass dieses Leben auch über den leiblichen Tod hinaus Bestand hat.

Der Mann fragt ernsthaft. Er ist bereit, etwas zu tun, um dieses ewige Leben zu erhalten.

Jesus antwortet ihm ganz logisch. Gott ist ewig. Ewiges Leben hat Gottes Qualität. Wer daran teilhaben will, muss in Übereinstimmung mit Gott leben und seinen Willen tun. Jesus nennt einige der Zehn Gebote. Bei der Antwort des jungen Mannes stockt dem Leser der Atem: »Da sprach der Jüngling zu ihm: Das habe ich alles gehalten; was fehlt mir noch?« Eine so selbstgerechte Haltung müsste Jesus doch in die Schranken weisen, oder? Er tut es nicht. Im Markusevangelium lesen wir danach sogar, dass Jesus ihn lieb gewann.

Und aus Liebe sagt Jesus dem Mann nun, was ihm fehlt und worauf es ankommt.

> Willst du vollkommen sein, so geh hin, verkaufe, was du hast, und gib's den Armen, so wirst du einen Schatz im Himmel haben; und komm und folge mir nach!
>
> *Markus 10, 21*

Wie sollen wir die Antwort verstehen? Fordert Jesus eine Superleistung? War alles, was der Mann bisher getan hatte, nicht genug? Es geht nicht um mehr oder weniger Tun. Es geht um das tragende Fundament im Lebenshaus des Mannes. Es geht um den Gottes-Test.

Jesus fordert den Mann auf, sein Vermögen wegzugeben und ihm nachzufolgen. Jesus verspricht ihm dafür ein Vermögen, das Gottes Qualität und darum ewigen Bestand hat. Es geht nicht darum, dass er noch mehr tut. Es geht darum, dass er das Grundlegende im wörtlichen Sinn tut. Es geht um das Fundament seines Lebenshauses. Es geht um die Frage: Wer ist dein Gott?

Jeder Mensch hat einen Gott oder mehrere Götter. Atheisten behaupten, es gebe keinen Gott. Wie kann man ihnen also unterstellen, sie hätten auch einen Gott? Ich bezeichne mit Gott die höchste bestimmende Macht im Leben eines Menschen. Mag sein, dass viele sich dessen nicht bewusst sind, dass es so etwas in ihrem Leben gibt. Versuchen wir es herauszufinden.

Wir alle brauchen zum Leben Luft zum Atmen, auch Essen und Trinken. Doch die Befriedigung dieser Bedürfnisse reicht noch nicht zum Leben. Mindestens zwei weitere Grundbedürfnisse müssen wir irgendwie befriedigen: die Bedürfnisse nach Sicherheit und Anerkennung.

Wenn das Haus über mir zusammenstürzt oder wenn Gangster mich mit dem Messer erstechen, ist Schluss mit dem Leben. Jeder braucht zum Leben ein Mindestmaß an Sicherheit.

Und Anerkennung? Eigentlich brauchen wir Liebe, um zu wissen, dass wir wertvoll sind und unser Leben sinnvoll ist. Wir versuchen uns Liebe zu beschaffen, zu erarbeiten oder gar zu kaufen, wenn wir sie nicht geschenkt bekommen. Das alles funktioniert nicht wirklich. Menschen, die Liebe entbehren müssen, versuchen sich Anerkennung dadurch zu verschaffen, dass sie andere einschüchtern. »Wenn sie mich nicht lieben, sollen sie mich wenigstens fürchten.« So bekommen sie auch eine Art von Anerkennung. Wer das Gefühl hat, nichts wert zu sein, tröstet sich vielleicht damit, dass er einen anderen verspottet oder niederschlägt. Nun weiß er, dass es wenigstens diesem einen noch schlechter geht als ihm selbst.

Wir alle brauchen Sicherheit und Anerkennung. Wo können wir sie finden, wenn wir sie entbehren? Geld verspricht beides. Wer will bezweifeln, dass Geld – möglichst etwas mehr davon – uns Sicherheit bietet? Es garantiert, dass wir uns auch in Zukunft Nahrung und Wohnung leisten können, dass wir im Winter die Heizkosten bezahlen können. Vermögen bietet auch Sicherheit für die Versorgung im Alter.

Geld verschafft auch Ansehen. Das ist ganz offensichtlich.

Geld verspricht uns also die Befriedigung der wichtigen Grundbedürfnisse nach Sicherheit und Anerkennung. Darum kann das Streben nach Geld und Besitz zum beherrschenden Antrieb unseres Lebens werden. Das muss nicht bei allen so sein. Es ist aber bei vielen so.

Jesus hat vom Reichtum als dem Götzen Mammon geredet. Geld kann also göttliche Macht haben. Es ist dann nicht nur ein Zahlungsmittel, das wir gebrauchen. Es bestimmt alle wichtigen Entscheidungen in unserem Leben. Dem Erwerb und der Bewahrung des Besitzes wird alles andere untergeordnet. Wofür setze ich meine Zeit und meine Begabungen ein? Wie gehe ich mit Menschen um?

Jesus redet vom Geld als Gottesmacht, wenn er ein schroffes Entweder-oder beschreibt:

Niemand kann zwei Herren dienen: Entweder er wird den einen hassen und den andern lieben, oder er wird an dem einen hängen und den andern verachten. Ihr könnt nicht Gott dienen und dem Mammon.

Matthäus 6,24

Zurück zu dem biblischen Bericht von dem reichen jungen Mann. Jesus fordert ihn auf, sein Vermögen den Armen zu geben und ihm nachzufolgen. Ich nenne das den Gottes-Test. Der Mann versteht, reagiert sauer und geht traurig weg. Warum traurig? Weil er offenbar verstanden hat, wie die Antwort auf seine Frage nach dem ewigen Leben lautet. Jesus fordert ihn zu Vertrauen und Nachfolge auf. Der Mann müsste Sicherheit und Anerkennung ganz von Jesus erwarten, wenn er die Absicherung durch sein Vermögen nicht mehr hätte. Er hat verstanden. Aber diesen Wechsel will er nicht vollziehen.

Jesus hat den Reichtum als den wahren Machthaber im Leben des jungen Mannes entlarvt. Sicher hätte der in einer Diskussion über Religion und Reichtum erklärt, dass Geld nicht alles im Leben ist. Er hätte sicher den Glauben an Gott als wesentlich beschrieben. Der Praxistest aber offenbarte die wahren Machtverhältnisse. Jesus redete nicht über die Möglichkeit von innerer Freiheit trotz Reichtum. Manchmal wird man innerlich nur frei, wenn man auch äußerlich befreit wird.

Ich will für dieses Geschehen ein Bild gebrauchen. Der junge Mann ist durchaus bereit, die Einrichtung seines Lebenshauses zu verändern, um erfülltes, ewiges Leben zu bekommen. Jesus aber zeigt ihm, dass das Fundament des Hauses verändert werden muss. Es geht nicht um die Dekoration des Lebenshauses, sondern um die Statik. Es geht um das erste Gebot: »Ich bin der HERR, dein Gott, du sollst keine anderen Götter haben neben mir.«

Der Mann begreift zwar, aber er entscheidet sich gegen die grundlegende Veränderung. Er geht als traurige Figur weg.

Wie kann das sein?

Mich erschüttert an diesem Bericht immer wieder, dass Jesus ihn gehen lässt. Warum ist Jesus ihm nicht nachgegangen? Warum hat er nicht weiter versucht, ihn von der Notwendigkeit dieser grundlegenden Entscheidung zu überzeugen? Hatte Jesus nicht genug Liebe und Vollmacht, um dem Mann auf den neuen Weg zu helfen?

Wenn ich Menschen für den Glauben an Jesus zu gewinnen versuche und sie ablehnen, dann suche ich die Schuld meistens bei mir. Habe ich den Glauben an Jesus nicht hilfreich angeboten? Hat es mir an Liebe gefehlt? Ich sehe genug Gründe bei mir, wenn Menschen sich nicht gewinnen lassen. Aber bei Jesus? Gott selbst ist in Jesus Mensch geworden. Jesus ist die Liebe Gottes in Person. Die Schöpferkraft Gottes ist in Jesus gegenwärtig. Auch alle Weisheit Gottes. Besseres kann einem Menschen nicht geschehen, als es mit Jesus selbst ohne jede menschliche Vermittlung zu tun zu bekommen. Und dann ein so katastrophales Scheitern?

Hier beweist sich, was Liebe ist. Sie will nicht zwingen. Sie bietet an und bittet. Sie lässt die Möglichkeit zur Ablehnung. Dadurch wird unsere Verantwortung umso größer. Gott macht uns nicht zu Marionetten. Er hat uns als Partner geschaffen, die antworten können. Wir werden noch sehen, dass auch Reiche auf die Einladung von Jesus anders reagieren können als dieser junge Mann.

Aber Jesus stellt fest, dass die Reichen sich besonders schwertun, ein Leben unter Gottes Regie zu beginnen. Was meint Jesus mit dem Nadelöhr?

Unmöglich und doch möglich?

Dass ein Kamel durch das Loch in einer Nähnadel geht, ist völlig unmöglich. Die Aussage ist so krass, dass man versucht hat sie abzumildern. Vielleicht hat Jesus mit dem Nadelöhr das kleine Türchen im großen Stadttor gemeint. So etwas hat es wohl gegeben. Wenn das Stadttor geschlossen war, konnte für verspätet Kommende das kleine Türchen noch geöffnet werden. Ein Mensch konnte durchschlüpfen. Aber ein Kamel passte kaum durch. Die Bibelausleger haben die Möglichkeit in Erwägung gezogen. Viele sind doch zu dem Schluss gekommen, dass Jesus das echte Nadelöhr gemeint hat und nicht das Türchen im Stadttor. Er wollte mit dem schroffen Bild sagen, dass diese Entscheidung Reiche völlig überfordert.

Seine Schüler verstehen das und reagieren entsetzt. Sie waren keine Millionäre, aber sie bezogen sich mit ein.

> Als das seine Jünger hörten, entsetzten sie sich sehr und sprachen: Ja, wer kann dann selig werden? Jesus aber sah sie an und sprach zu ihnen: Bei den Menschen ist's unmöglich; aber bei Gott sind alle Dinge möglich.

»Ja, wer kann dann selig werden?« Dieser von Luther gewählte Ausdruck in Matthäus 19, 25 f klingt etwas altmodisch. Im griechischen Urtext steht das sehr verständliche Wort »gerettet werden«.

Das können wir Menschen nicht selbst machen. Das ist für alle völlig unmöglich. Das kann nur Gott bewirken. Jesus hat deshalb gesagt, dass ein Mensch neu geboren werden muss, um in Gottes Königsherrschaft zu kommen. Unsere Geburt bewirken wir nicht selbst. Sie geschieht mit uns.

In der Einleitung des Johannesevangeliums lesen wir von Jesus:

> Er kam in sein Eigentum; und die Seinen nahmen ihn nicht auf. Wie viele ihn aber aufnahmen, denen gab er Macht, Gottes Kinder zu werden, denen, die an seinen Namen glauben, die nicht aus menschlichem Geblüt noch aus dem Willen des Fleisches noch aus dem Willen eines Mannes, sondern aus Gott geboren sind.
>
> *Johannes 1, 11-13*

Jesus schafft durch seine Macht, dass wir Gottes Kinder werden. Aber warum hat er es bei dem reichen jungen Mann nicht geschafft? Der Mann nahm Jesus nicht auf. Er glaubte Jesus nicht. Die Entscheidung lag bei ihm.

Im Neuen Testament finden wir auch das Gegenbeispiel. Im Lukasevangelium wird die traurige Geschichte vom reichen jungen Mann in Kapitel 18 berichtet. Kapitel 19 berichtet, dass Jesus in Jericho einem extrem reichen Mann begegnet.

> Und er ging nach Jericho hinein und zog hindurch. Und siehe, da war ein Mann mit Namen Zachäus, der war ein Oberer der Zöllner und war reich. Und er begehrte, Jesus zu sehen, wer er wäre, und konnte es nicht wegen der Menge; denn er war klein von Gestalt. Und er lief voraus und stieg auf einen Maulbeerbaum, um ihn zu sehen; denn dort sollte er durchkommen. Und als Jesus an die Stelle kam, sah er auf und sprach zu ihm: Zachäus, steig eilend herunter; denn ich muss heute in deinem Haus einkehren. Und er stieg eilend herunter und nahm ihn auf mit Freuden.
> Als sie das sahen, murrten sie alle und sprachen: Bei einem Sünder ist er eingekehrt. Zachäus aber trat vor den Herrn und sprach: Siehe, Herr, die Hälfte von meinem Besitz gebe ich den Armen, und wenn ich jemanden betrogen habe, so gebe ich es vierfach zurück. Jesus aber sprach zu ihm: Heute ist diesem Hause Heil widerfahren, denn auch er ist Abrahams Sohn. Denn der Menschensohn ist gekommen, zu suchen und selig zu machen, was verloren ist.
>
> *Lukas 19,1-10*

Der Vergleich zwischen den beiden reichen Männern ist aufschlussreich. Zachäus war nicht religiös. Er gehörte zu den verhassten Komplizen der römischen Besatzungsmacht. Er nutzte seine Macht, Zoll und Steuern im Auftrag der Römer einzuziehen, um sich habgierig zu bereichern. Auch er kam offensichtlich zu der Einsicht: »Das kann doch nicht alles gewesen sein.« Auch ihn trieb es zu Jesus. Er traf aber auf unüberwindbare Blockaden. Menschlich gesehen hatte er keine Chance, mit Jesus in Beziehung zu kommen. Aber das Wunder passierte und sein Leben wurde dramatisch verändert.

Neugierig wie ich bin, hätte ich gern gewusst, was Jesus mit Zachäus alles beredet hat, bevor es zu dem radikalen Entschluss kam, die Hälfte des Vermögens den Armen zu geben und das durch Betrug Erlangte vierfach zu erstatten. Wir wissen es nicht. Auf jeden Fall hat Jesus für Zachäus den Raum der Freiheit geöffnet. Die gleiche Freiheit hatte er dem reichen jungen Mann angeboten. Freiheit haben wir nicht von uns aus. Jesus schafft durch seine Gegenwart und sein Wort die Freiheit. Dadurch bestand für beide die Entscheidungsfreiheit, Ja oder Nein zu sagen.

Das gilt für alle Menschen in allen Situationen, wenn sie das Evangelium von Jesus hören. Allerdings sagt Jesus, dass es für die Reichen besonders schwer ist, in Gottes Herrschaft zu kommen. Der Platz Gottes in ihrem Leben ist durch den Reichtum besetzt. Sie haben sich in den Gott ihres Lebens verliebt. Sie wünschen keine Veränderung. Aber fundamentale Veränderung findet statt, wenn mit Jesus der lebendige Gott die Herrschaft in unserem Leben übernimmt. Sicherheit und Anerkennung, die wichtigen Überlebensmittel, gewährt Jesus. Geld und Besitz sind gute Gaben Gottes, haben aber keine letzte bestimmende Macht mehr im Leben der Jesus-Nachfolger.

Unser Problem

Ich erwähnte am Anfang dieses Kapitels, dass die hier behandelte Frage für Menschen in Deutschland und natürlich genauso für die in anderen reichen Ländern besonders aktuell ist. Das wird für die Leser keine Überraschung mehr sein. Der Reichtum, den wir in diesem Teil der Welt genießen, ist zum Götzen Mammon geworden. Wir könnten ihn ja auch als gute Gabe Gottes betrachten. Dann würden wir zuerst mit dem Apostel Paulus sagen:

> Weißt du nicht, dass dich Gottes Güte zur Buße leitet?
>
> *Römer 2,4*

Umkehr bedeutet: Wir wollen nicht mehr den Dingen vertrauen, sondern dem Schöpfer der Dinge. Wir wollen nicht mehr die Gaben vergötzen, sondern dem Geber der Gaben danken, vertrauen und gehorchen.

Weil wir vergleichsweise reicher sind als die meisten Menschen auf der Erde, brauchen wir viele Zachäus-Wunder. Und sie sind möglich. Jesus erklärt diesen Wandel für menschlich gesehen unmöglich, aber er verspricht zugleich, dass Gott das Unmögliche möglich macht.

Dankbar genießen, aber Achtung!

An den beiden Berichten der Bibel haben wir gesehen, dass die Entscheidung zwischen dem Götzen Mammon und dem lebendigen Gott am Anfang des Lebens mit Jesus steht. Selbstverständlich kann es auch andere konkurrierende Götzen in unserem Leben geben. Die Abhängigkeit von Menschen, denen wir hörig sind, oder der

Glaube an okkulte Mächte wie Wahrsager, Horoskope, Amulette, Heiler oder auch die Verliebtheit in die eigene Intelligenz und Schönheit können als Götzen unser Leben beherrschen. Aber Geld und Besitz sind doch sehr häufig die Götzen. Darum redet Jesus so oft darüber.

In der Bibel wird sogar behauptet, Habgier sei die Wurzel allen Übels. Der Apostel Paulus schreibt darüber an seinen Mitarbeiter Timotheus. Allerdings sieht er die Bedrohung durch die Habgier auch bei Christen. Das Problem erledigt sich also nicht ein für alle Mal durch eine klare Bekehrung. Die Geldgier kann zurückkommen und das Leben auch von Jesus-Nachfolgern wieder zerstören. Wie kann das sein? Und wie sollen Christen mit Geld und Besitz umgehen?

Der Apostel Paulus schreibt:

> Ein großer Gewinn aber ist die Frömmigkeit zusammen mit Genügsamkeit. Denn wir haben nichts in die Welt gebracht; darum können wir auch nichts hinausbringen. Wenn wir aber Nahrung und Kleider haben, so wollen wir uns damit begnügen. Denn die reich werden wollen, die fallen in Versuchung und Verstrickung und in viele törichte und schädliche Begierden, welche die Menschen versinken lassen in Verderben und Verdammnis. Denn Geldgier ist eine Wurzel alles Übels; danach hat einige gelüstet und sie sind vom Glauben abgeirrt und machen sich selbst viel Schmerzen.
>
> *1. Timotheus 6,6-10*

Paulus hat offensichtlich die zerstörerischen Auswirkungen der Geldgier auf den Glauben von Christen erlebt. Und wie wahr ist die traurige Feststellung: »… und machen sich selbst viel Schmerzen.«

Wenige Sätze später kommt Paulus in seinem Brief an Timotheus noch einmal auf das Thema zurück. Er warnt nicht nur vor Geldgier, er zeigt auch, wie Jesus-Nachfolger mit ihrem Reichtum umgehen sollen. Ja, es gab und gibt reiche Christen.

> Den Reichen in dieser Welt gebiete, dass sie nicht stolz seien, auch nicht hoffen auf den unsicheren Reichtum, sondern auf Gott, der uns alles reichlich darbietet, es zu genießen; dass sie Gutes tun, reich werden an guten Werken, gerne geben, zum Teilen bereit sind und sich selbst einen Schatz sammeln als guten Grund für die Zukunft, damit sie das wahre Leben ergreifen.
>
> *1. Timotheus 6,17-19*

Gott gibt reichlich, damit wir den Reichtum genießen. Ja, Gott gönnt uns was. Er ist nicht knauserig. Dadurch entsteht eine durchaus positive Einstellung zum Reichtum. Er ist ein Segen, den Gott schenkt. Das sehen wir in der ganzen Bibel. Abraham, Isaak und Jakob waren reich, auch die Könige David und Salomo. Doch alle Reichen stehen in der Gefahr, dem Geld zu glauben anstatt dem lebendigen Gott. Wenn jemand stolz wird und sich etwas einbildet, weil er reich ist, dann ist er schon umgekippt und zum Götzendiener geworden.

Was soll der reiche Jesus-Nachfolger tun, außer den Reichtum dankbar zu genießen (1. Timotheus 6, 18-19)?

> Gutes tun, reich werden an guten Werken, gerne geben, zum Teilen bereit sein und sich selbst einen Schatz sammeln als guten Grund für die Zukunft, damit er das wahre Leben ergreift.

Jesus hat gesagt, dass Gott viel von denen erwartet, denen er viel gegeben hat (Matthäus 25,14-30). Niemand kann sich mit guten Taten den Zugang zum Himmel erkaufen. Den bekommen alle geschenkt. Aber wer durch Jesus begnadigt und mit Gott versöhnt ist, kann Gott mit guten Taten danken und ehren. In der Offenbarung des Johannes heißt es von den begnadigten Erlösten: »Wenn sie in Gottes Herrlichkeit eingehen, folgen ihnen ihre Werke nach« (Offenbarung 14,13). Die Werke gehen nicht voran und öffnen die Tür. Die Tür öffnet Jesus durch seine Gnade. Aber nichts ist vergeblich und verloren, was wir aus Dankbarkeit nach dem Willen Gottes tun.

Gottes Wort zeigt uns, wie wir ganz entspannt dankbar und fröhlich, dienstbereit und verantwortungsvoll mit dem Reichtum umgehen können.

Ich hatte einen Freund, der das größte Schuhhandelsunternehmen Europas aufgebaut hatte. Er glaubte von Herzen an Jesus. Er leugnete nicht, dass sein Reichtum ihm eine bevorzugte Lebensweise ermöglichte. Aber er beschrieb sein Leben mit dem Satz: »Mir gehört nur, was ich verschenke.« Ich habe miterlebt, wie er große Teile seines Vermögens für Arme und Ausgestoßene einsetzte.

Fassen wir zusammen. Gehen Kamele durch ein Nadelöhr? Menschlich völlig unmöglich. Gott schafft es, dass Reiche sich von dem Götzen Mammon zum lebendigen Gott bekehren. Für reiche Jesus-Nachfolger bleibt der Reichtum eine Herausforderung. Nicht umsonst hat Jesus uns im Vaterunser zu beten gelehrt: »Und führe uns nicht in Versuchung, sondern erlöse uns von dem Bösen.«

Nun stellt sich die Frage, ob wir mit solchen Entscheidungen ganz allein auf uns gestellt sind. Welche Rolle spielt die Gemeinschaft der Christen?

FRAGE 11

Glaube ja – Kirche nein?

Glaube und Kirche gehören zusammen, oder nicht? Aber wieso? Kann ich nur glauben, wenn ich zu einer Kirche gehöre? Gilt der Satz, dass es außerhalb der Kirche kein Heil gibt? Ist der Glaube nicht eine sehr persönliche Überzeugung? Ist Religion nicht Privatsache?

Brauchen wir vielleicht die Gemeinschaft Gleichgesinnter, die uns bestätigen, um glauben zu können? Die Soziologen nennen das eine Plausibilitätsstruktur. Wenn viele andere glauben, was ich glaube, fühle ich mich bestätigt. Glauben fällt dann leichter, als wenn ich völlig allein dastehe.

Die Zeiten der Staatsreligion mit Zwangsmitgliedschaft in der Staatskirche sind Gott sei Dank vorbei. Die traditionellen großen Organisationen verlieren Mitglieder. So auch die großen Kirchen. »Ich will in keinem Haufen raufen, lass mich mit keinem Verein ein«, sang schon 1972 Reinhard Mey. Der Individualismus feiert die Freiheit des Einzelnen. Und zugleich erschrickt man, wie viele doch allzu gern mit den Wölfen heulen und mit dem Strom schwimmen. Wir nennen es neudeutsch Mainstream. Das hört sich geschmeidig und nicht so zwanghaft an. Ein sanfter Sog ist angenehmer als schmerzhafter Druck.

Im Englischen gibt es die Formulierung »*belonging before believing*«. Das heißt: Die Zugehörigkeit zu einer Gemeinschaft geht in der Regel der Entscheidung für einen bestimmten Glauben voraus. Und das entspricht dem, was wir in christlichen Gemeinden beobachten können. Durch persönliche Kontakte lernt man einen Gesprächskreis oder eine Kirchengemeinde kennen. Man fühlt sich wohl. Man beschäftigt sich mit Fragen des Glaubens und des Lebens. Man liest die Bibel mit anderen und spricht darüber. Man beteiligt sich an Diensten für andere Menschen. So wachsen viele in den Glauben hinein. Manche treffen irgendwann eine bewusste Entscheidung. Andere sind sich nicht bewusst, das je getan zu haben, bekennen sich aber als Christen, wenn sie gefragt werden.

Andererseits beobachte ich auch einen ganz anderen Trend. Menschen hören durch Fernsehprogramme und andere Medien vom christlichen Glauben und sind begeistert. Ich freue mich darüber und engagiere mich selbst für die Weitergabe des Evangeliums durch Fernsehen, Internet und Bücher. Darum kenne ich auch das Problem. Vor dem Bildschirm entscheiden sich Menschen ehrlich für den christlichen Glauben. Aber es fällt ihnen sehr schwer, den Kontakt zu einer christlichen Gemeinde an ihrem Ort zu suchen. Manche haben enttäuschende Erfahrungen mit dem Bodenpersonal Gottes gemacht. Andere fremdeln mit den dort herrschenden Verhaltensweisen oder scheuen einfach das Unbekannte.

Nicht immer geht es um Formen, sondern oft auch um Inhalte der Glaubensverkündigung. Besonders die evangelischen Kirchen sind leider dafür bekannt geworden, dass ihre hauptamtlichen Vertreter sehr gegensätzliche Botschaften verkündigen. Ist die Bibel Gottes Wort oder Literatur wie jede andere? Ist Jesus tatsächlich auferstanden oder muss man das irgendwie symbolisch verstehen? War sein Tod am Kreuz nötig zur Versöhnung der Menschen mit Gott oder ist das eine überholte mythologische Vorstellung? Sollen gleichgeschlechtliche Paare in einem Gottesdienst gesegnet werden oder widerspricht das dem Willen Gottes?

Vor 20 oder 30 Jahren hätte ich für diesen Abschnitt die Überschrift »Gott ja – Kirche nein?« gewählt. Bei der Rede vom Glauben hätte ich ganz selbstverständlich vorausgesetzt, dass Glaube an Gott gemeint ist. Auch damals wurde die Bezeichnung »Gott« sehr unterschiedlich gefüllt. Aber irgendwie verband man damit eine höhere Macht. Inzwischen scheint das nicht unbedingt dazuzugehören. Man kann auch an die kosmische Energie, die Kraft der Natur, die Mutter Erde, beseelte Pflanzen und Tiere, das eigene Potenzial glauben. Auch der säkulare Mensch möchte nicht auf Spiritualität verzichten.

Schon seit Langem beobachten die Gesellschaftswissenschaftler, dass sich die Menschen ihren eigenen religiösen Cocktail mischen. Die Zeit ist lange vorbei, dass ganz Europa vom Christentum – entweder römisch-katholisch oder evangelisch – geprägt war. Nicht nur der Islam ist dazugekommen. Buddhistische Anschauungen sind sehr beliebt. Der Einfluss asiatischer Religiosität ist in sehr vielen Formen der Esoterik wirksam.

Man kann darüber streiten, ob die Grundeinstellung des Materialismus tatsächlich an Einfluss verloren hat. Jedenfalls suchen besonders wohlhabende Zeitgenossen bevorzugt Befriedigung durch Orientierung an postmateriellen Werten. Die Menschen verhalten sich in derselben Gesellschaft zur gleichen Zeit nicht nur unterschiedlich, sondern auch gegensätzlich.

Mir ist aufgefallen, dass viele Zeitgenossen sich als gläubig bezeichnen. Manche betonen aber zugleich, dass sie nicht oder nur selten in die Kirche gehen oder auch nicht Mitglied einer Kirche sind.

Mit der Kirchenmitgliedschaft ist das so eine Sache. Trotz abnehmender Zahlen gehören erstaunlich viele Menschen zur römisch-katholischen oder einer evangelischen Kirche. Allerdings gehen weniger als vier Prozent der Mitglieder evangelischer Kirchen in einen Gottesdienst. Warum sind sie trotzdem Mitglieder in der Kirche? Jeder wird seine eigenen Gründe haben. Aus Tradition? Weil sie den kirchlichen Service bei Taufen, Hochzeiten und Beerdigungen in Anspruch nehmen möchten? Weil sie soziale Einrichtungen der Kirchen – Kitas, Seniorenheime – schätzen? Weil sie Kirchenmusik mögen? Weil Kirchengebäude und Glockengeläut zur abendländischen Kultur gehören?

Bei Umfragen haben Kirchenmitglieder gesagt, dass sie es schätzen, Mitglied der evangelischen Kirche sein zu können, ohne etwas Bestimmtes glauben zu müssen. Sie schätzen die inhaltliche Unverbindlichkeit und zahlen gerade deshalb ihre Kirchensteuern. Nicht wenige haben anscheinend diese Einstellung. Die stehen natürlich in krassem Gegensatz zu den Mitgliedern, die von ihren Pastoren eine an der Bibel orientierte Verkündigung erwarten. Sie wünschen sich von ihrer Kirche missionarische Aktivitäten, die Mitglieder und Nichtmitglieder zu einer Entscheidung für den Glauben an Jesus einladen.

Gott hat keine Einzelkinder

Wenn wir Jesus glauben, gehören wir sofort in die Gemeinschaft der Menschen, die ihm ebenfalls glauben. Das ist so selbstverständlich, wie die Geburt ein Kind zum Glied der Familie macht, in die es hineingeboren wird. Gott hat keine Einzelkinder.

Simon Petrus und die anderen Apostel verkündeten an einem der großen jüdischen Feste in Jerusalem inspiriert durch Gottes Geist das Evangelium von Jesus Christus, dem gekreuzigten und auferstandenen Retter. Die Hörer fragten betroffen: Was sollen wir tun? Die Apostel forderten sie zur Umkehr und zur Taufe auf, damit sie Vergebung der Sünden und den Heiligen Geist empfingen. Dreitausend Menschen folgten dieser Einladung noch am gleichen Tag. Der Bericht findet sich im zweiten Kapitel der Apostelgeschichte. Dort lesen wir auch, wie es nach dieser Entscheidung weiterging:

> Die nun sein Wort annahmen, ließen sich taufen; und an diesem Tage wurden hinzugefügt etwa dreitausend Menschen. Sie blieben aber beständig in der Lehre der Apostel und in der Gemeinschaft und im Brotbrechen und im Gebet. Es kam aber Furcht über alle, und es geschahen viele Wunder und Zeichen durch die Apostel. Alle aber, die gläubig geworden waren, waren beieinander und hatten alle Dinge gemeinsam. Sie verkauften Güter und Habe und teilten sie aus unter alle, je nachdem es einer nötig hatte. Und sie waren täglich einmütig beieinander im Tempel und brachen das Brot hier und dort in den Häusern, hielten die Mahlzeiten mit Freude und lauterem Herzen und lobten Gott und fanden Wohlwollen beim ganzen Volk. Der Herr aber fügte täglich zur Gemeinde hinzu, die gerettet wurden.
>
> *Apostelgeschichte 2,41-47*

Ganz selbstverständlich bildet die große Zahl der Bekehrten und Getauften eine Gemeinschaft. Die verbindende Lebensäußerung waren neben gemeinsamen Mahlzeiten die Lehre der Apostel. Sie waren miteinander verbunden, weil sie Jesus vertrauten. Ihr wichtigstes Anliegen war jetzt, Jesus besser kennenzulernen. Was hat er gesagt und getan? Wie war das mit seinem Leiden, Sterben und Auferstehen? Die Augenzeugen berichteten ihnen das, was wir heute noch in den vier Evangelien des Neuen Testamentes lesen können. Sie stellten dabei den Zusammenhang mit dem Alten Testament her und begannen die Folgerungen für Glauben und Leben zu erklären, wie wir sie in den weiteren Schriften des Neuen Testamentes heute lesen können.

Sie redeten nicht nur über Jesus, sondern auch mit Jesus. Sie beteten. Und zwar gemeinsam. Sie hatten gehört, dass Jesus seine Nachfolger ermächtigt und gelehrt hatte zu beten:

> Darum sollt ihr so beten: Unser Vater im Himmel! Dein Name werde geheiligt. Dein Reich komme. Dein Wille geschehe wie im Himmel so auf Erden. Unser tägliches Brot gib uns heute. Und vergib uns unsere Schuld, wie auch wir vergeben unsern Schuldigern. Und führe uns nicht in Versuchung, sondern erlöse uns von dem Bösen.
>
> *Matthäus 6,9-13*

Im Zentrum der gemeinsamen Mahlzeiten stand der gottesdienstliche Teil, in dem sie täglich an das letzte Mahl erinnerten, das Jesus mit seinen Jüngern gehalten hatte. Es wird hier als das Brotbrechen bezeichnet. Sie teilten das Brot und den Kelch mit Wein unter der Zusage, die Jesus gegeben hatte:

> Das ist mein Leib, der für euch gegeben wird; das tut zu meinem Gedächtnis. ... Dieser Kelch ist der neue Bund in meinem Blut, das für euch vergossen wird!
>
> *Lukas 22,19-20*

Knapp wird berichtet, dass diese erste Gemeinde täglich ihre Vollversammlung im Tempelvorhof abhielt. Es gab gar keine andere Stelle, wo so viele Menschen sich in Jerusalem versammeln konnten. Außerdem trafen sie sich in Hausgemeinschaften. Die Gottesdienste als Vollversammlungen waren von der öffentlichen Verkündigung des Evangeliums und dem Lob Gottes bestimmt. Weil diese Versammlungen öffentlich waren, nahmen auch Menschen teil, die noch nicht Jesus vertrauten, aber durch die Verkündigung zum Glauben an Jesus eingeladen wurden. Dadurch wuchs die Gemeinde, wie uns die Apostelgeschichte berichtet.

In den kleinen Zellen der Hausgemeinschaften wurde intensiver gelernt, weil auch Fragen gestellt werden konnten. Es ging persönlich zu. Auch die praktische Hilfe, die wir heute als Diakonie bezeichnen, hatte dort ihren Platz. Wir lesen, dass sich die Einstellung der Jesus-Nachfolger zu ihrem Besitz grundsätzlich gewandelt hatte. Zu der großen Zahl der Gemeindeglieder gehörten Festpilger, die wegen des jüdischen Festes von weit her nach Jerusalem gekommen waren. Ihre Versorgung über Wochen war auch eine materielle und logistische Herausforderung, wie wir in den ersten Kapiteln der Apostelgeschichte lesen. Den Besitz zu teilen, war keine theologische Theorie, sondern praktische Notwendigkeit. Wir lesen, wie das geschah:

Die Menge der Gläubigen aber war ein Herz und eine Seele; auch nicht einer sagte von seinen Gütern, dass sie sein wären, sondern es war ihnen alles gemeinsam. Und mit großer Kraft bezeugten die Apostel die Auferstehung des Herrn Jesus, und große Gnade war bei ihnen allen. Es war auch keiner unter ihnen, der Mangel hatte; denn wer von ihnen Land oder Häuser hatte, verkaufte sie und brachte das Geld für das Verkaufte und legte es den Aposteln zu Füßen; und man gab einem jeden, was er nötig hatte. Josef aber, der von den Aposteln Barnabas genannt wurde – das heißt übersetzt: Sohn des Trostes –, ein Levit, aus Zypern gebürtig, der hatte einen Acker und verkaufte ihn und brachte das Geld und legte es den Aposteln zu Füßen.

Apostelgeschichte 4,32-37

Im Neuen Testament finden wir weitere Aussagen, die uns zeigen, dass Jesus-Nachfolge ganz selbstverständlich und lebensnotwendig eine Gemeinschaftssache ist. Der Apostel Paulus schreibt im Römerbrief und im 1. Korintherbrief von der Gemeinde als dem Leib von Jesus Christus (Römer 12,4-8; 1. Korinther 12). Es gibt also meine Vertrauensbeziehung zu Jesus nicht ohne meine Beziehung zu den anderen Körperteilen. Wir brauchen einander. Jedes Körperteil hat seine Aufgabe als Ergänzung für die anderen. Kein Körperteil ist überfordert und muss alles allein schaffen. Die wechselseitige Abhängigkeit ist dauerhaft nötig. Ja, sie ist lebensnotwendig. Die Gemeinschaft der Christen ist keine Hobbygemeinschaft, auch keine Sympathiegemeinschaft.

Uns verbindet die Tatsache, dass Jesus unser Retter und Herr ist. Wir verdanken seinem Sterben und Auferstehen die Vergebung unserer Sünden. Wir bekennen ihn als den Herrn. Schon die erste Gemeinde war kulturell sehr unterschiedlich, obwohl alle Gemeindeglieder jüdische Wurzeln hatten. Wir sind heute in den christlichen Gemeinden sehr, sehr unterschiedliche Persönlichkeiten. Unsere gemeinsame Orientierung besteht darin, dass wir Jesus als Herrn bekennen und lernen wollen, nach seinem Willen zu leben. Wir hören auf sein Wort, wie es in der Bibel gegeben ist, um seinen Willen zu erkennen. Wir sind dazu berufen, uns gegenseitig bei der Erfüllung seines Willens zu unterstützen, wie die Organe und Glieder eines Körpers sich gegenseitig helfen, die Signale des Gehirns umzusetzen.

Wie lautet das Zwischenfazit? Religion ist Privatsache. Dieser Satz ist wichtig, weil wir nicht mehr akzeptieren, dass Regierungen bestimmen, was ihre Untertanen zu glauben haben. Insofern war Christentum als Staatsreligion ein falscher Weg. Das Evangelium von Jesus Christus verträgt keinen Zwang. Es ist eine persönliche Entscheidung, Jesus zu vertrauen. Aber Jesus-Nachfolge geschieht immer in Gemeinschaft. Darum gibt es den Glauben an Jesus Christus nicht ohne Kirche des Jesus Christus. Nun aber müssen wir klären, wie das heute praktisch aussehen kann.

Allein geht man ein.
Gemeinsam ist es aber auch nicht so einfach.

In der deutschen Sprache ist das Wort Kirche mehrdeutig. Es kann ein Kirchengebäude bezeichnen oder eine größere Organisation, zu der viele Kirchengemeinden gehören. Wir unterscheiden dabei auch Kirchenorganisationen mit verschiedenen Glaubensbekenntnissen. Wir sprechen dann von Konfessionen. Zum Beispiel römisch-katholisch, lutherisch, baptistisch oder allgemeiner evangelisch oder freikirchlich. Wenn wir die Christen an einem bestimmten Ort meinen, die sich zu Gottesdiensten und anderen Aktivitäten versammeln, sprechen wir von Gemeinde.

Im Neuen Testament gibt es nur ein griechisches Wort dafür, die *ekklesía*. Das ist die Versammlung der Jesus-Nachfolger. Damit sind die gemeint, die sich an einem Ort zu Jesus bekennen, aber auch alle Jesus-Nachfolger überall auf der Erde. Spezielle Gebäude, die man als Kirchen bezeichnete, gab es im ersten Jahrhundert noch nicht, auch keine Organisationen. Die Gemeinden hatten zwar Verbindungen untereinander und halfen sich gegenseitig, in Notzeiten auch materiell. Die reisenden Apostel sorgten von Anfang an für intensiven Austausch, wie wir schon in den Berichten des Neuen Testamentes lesen können.

Das alles hat sich im Laufe von 20 Jahrhunderten weiterentwickelt. Wenn Menschen sich regelmäßig treffen und auch sonst zusammenarbeiten, müssen sie sich verabreden und Orte dafür schaffen. Sie müssen sich organisieren und schaffen Organisationen. Das ist hilfreich und notwendig. Aber wo Menschen sind, da menschelt es auch. Nicht nur Hilfreiches, sondern auch Zerstörerisches wie Eigensucht, Machtstreben und Irrtum wirken dabei mit. Das war und ist verwirrend und oft auch enttäuschend. Immer wieder hat es deshalb Erneuerungsbewegungen gegeben, um die Kirche nach dem Maßstab der Bibel zu reformieren. Das ist auch heute nötig.

Eine fehlerfreie Kirche wird es allerdings nie geben. Jesus hat in einem Gleichnis davon geredet, dass Gott den Samen seines Wortes aussät, aber auch Satan, der Feind Gottes und der Menschen, sein Unkraut unter den Weizen sät (Matthäus 13,24-30). Das Unkraut wächst zusammen mit dem Weizen. Jesus verbietet ausdrücklich den Versuch, das Unkraut während der Zeit des Wachsens auszureißen. Erst am Ende wird Gott bei der Ernte das Unkraut vom Weizen trennen. Alle menschlichen Versuche, reine Gemeinden zu schaffen, haben nur zu neuen Unkrautmischungen geführt.

Warum schreibe ich das? Wir sollten nicht mit falschen Erwartungen auf die Kirche und die Gemeinden schauen. Was aber sollen und dürfen wir erwarten?

Wer sich entscheidet, Jesus zu glauben, empfängt Vergebung seiner Sünden, wird mit dem Heiligen Geist Gottes erfüllt und gehört zur weltweiten Gemeinschaft der Jesus-Nachfolger. Das ist die Kirche.

Seit den ersten Jahrhunderten bis heute haben Christen in ihren Gottesdiensten gemeinsam ausgedrückt, wem und was sie glauben. Man nennt es das Apostolische Glaubensbekenntnis:

Ich glaube an Gott, den Vater,
den Allmächtigen,
den Schöpfer des Himmels und der Erde.

Und an Jesus Christus,
seinen eingeborenen Sohn, unsern Herrn,
empfangen durch den Heiligen Geist,
geboren von der Jungfrau Maria,
gelitten unter Pontius Pilatus,
gekreuzigt, gestorben und begraben,
hinabgestiegen in das Reich des Todes,
am dritten Tage auferstanden von den Toten,
aufgefahren in den Himmel;
er sitzt zur Rechten Gottes,
des allmächtigen Vaters;
von dort wird er kommen,
zu richten die Lebenden und die Toten.

Ich glaube an den Heiligen Geist,
die heilige christliche Kirche,
Gemeinschaft der Heiligen,
Vergebung der Sünden,
Auferstehung der Toten
und das ewige Leben.

Im dritten Absatz kommt die Kirche vor. Wir glauben an den drei-einen Gott, den Vater, den Sohn und den Heiligen Geist. Und weil wir ihm glauben, vertrauen wir auch darauf, dass er »die heilige christliche Kirche, Gemeinschaft der Heiligen« schafft. Sie ist heilig, weil sie ganz und gar zum dreieinigen Gott gehört. Heilig heißt nicht fehlerfrei. Aber durch die Vergebung der Sünden gehören wir ganz und gar zu Gott.

In der gerade zitierten Fassung, die in den evangelischen Gottesdiensten gesprochen wird, ist von der »christlichen« Kirche die Rede. Im ursprünglichen griechischen Wortlaut des Bekenntnisses steht »die heilige katholische Kirche«. Der Ausdruck »katholisch« bezeichnete die eine Kirche, die auf der ganzen Erde besteht. Das ist die »Gemeinschaft der Heiligen«. Die Gemeinschaft aller Menschen auf der Erde, die ganz und gar zu Jesus gehören, bilden die eine Kirche. Wer Jesus vertraut, gehört dazu.

Es ist tatsächlich eine überwältigende Vorstellung, dass ich als Christ zu dieser weltweiten Familie Gottes aus vielen Kulturen und Völkern mit Menschen vieler Hautfarben und Sprachen gehöre. Ich hatte in meinem Leben das Vorrecht, mit Christen in vielen Ländern Gottesdienste zu feiern. Das hat mein Leben reich gemacht. Aber wir leben natürlich an einem bestimmten Ort in einem bestimmten Land. Darum nehmen wir an einem kleinen Ausschnitt der weltweiten Kirche Anteil. Der universale Körper von Jesus Christus hat viele lebendige Zellen. Und ich möchte jeden, der Jesus vertraut, ermutigen, sich praktisch mit einer der Gemeindezellen in seiner Umgebung zu verbinden.

Ich wäre froh, wenn ich mit dieser Bitte bei Ihnen, liebe Leser, offene Türen einrennen würde. Vielleicht haben Sie gute Erfahrungen mit Gemeinden und Gemeinschaften an Ihrem Ort gemacht. Hoffentlich wissen Sie es zu schätzen, dass es solche Gemeinschaftsangebote gibt und wir nicht in Einsamkeit verkümmern müssen.

Ich habe aber auch beobachtet, dass sich viele schwertun, die Gemeinschaft mit anderen zu suchen. Wir wissen einerseits: Allein geht man ein. Aber gemeinsam ist das Leben oft auch nicht so einfach. Wir können füreinander hilfreich sein. Aber wir muten uns gegenseitig auch einiges zu. Ganz nüchtern müssen wir uns klarmachen, dass diese Zumutungen durchaus zum Trainingsprogramm gehören, das Gott uns für unser gesundes Wachstum zugemessen hat. Ohne die Belastungen gibt es kein Wachstum der Körperteile im Leib von Jesus Christus.

Wenn ich richtig verstehe, was die Bibel über das Leben der Jesus-Nachfolger sagt, dann brauchen wir die Gemeinschaft, in der wir das Wort Gottes miteinander lesen und hören. Wir brauchen das Gebet füreinander und miteinander, die gegenseitige Hilfe in persönlichen Gesprächen – das nennen wir Seelsorge – und in praktischer Hilfe – das nennen wir Diakonie.

Diese Gemeinschaft ist kein Selbstzweck. Die Organe und Körperteile dienen sich gegenseitig innerhalb des Körpers, damit der Körper nach außen seine Arbeit tun kann. Jesus hat am Abend des Auferstehungstages seinen Jüngern gesagt:

> Wie mich der Vater gesandt hat, so sende ich euch.
>
> *Johannes 20,21*

Alle Menschen sollen von Jesus erfahren und zum Leben mit ihm eingeladen werden. Wir können und sollen die Liebe Gottes, die sich in Jesus offenbart hat, in Wort und Tat allen Menschen weitergeben.

Wir brauchen die Ergänzung durch andere Jesus-Nachfolger. Die anderen brauchen unsere Ergänzung. Nur wenn diese gegenseitige Unterstützung angemessen geschieht, kann der Leib von Jesus Christus seinen Dienst in der Welt tun. Jeder wird gebraucht. Niemand soll überfordert werden. Wir brauchen einander.

Ich schreibe diese Zeilen im Juni 2020. Die Angst vor dem Coronavirus hat dazu geführt, dass Gemeinden sich nur online oder in eingeschränkter Teilnehmerzahl zu Gottesdiensten treffen. Wie wird die Lage sein, wenn Sie dieses Buch in der Hand haben und diese Sätze lesen? Ich habe an anderer Stelle schon die Fragen behandelt: »Gibt es ein Leben ohne Angst?«, und: »Ist Gesundheit die Hauptsache?«. Die Antworten auf diese beiden Fragen wirken sich auch darauf aus, ob und wie wir Gemeinschaft leben.

Dass Gemeinschaft keine unbedeutende Nebensache ist, werden wir bei der Beantwortung der nächsten Frage sehen.

FRAGE 12

Wie können Beziehungen gelingen?

Der B-Faktor bestimmt das ganze Leben. B steht für Beziehungen. Der Mensch ist ein Beziehungswesen. Jeder Mensch lebt in vier Beziehungen. Darüber dachten früher nur Philosophen nach. Heute sind sich die meisten Menschen dessen bewusst, weil sie schmerzhaft die Folgen erlebt haben, wenn Beziehungen nicht gelingen. Welches sind diese vier Beziehungen?

1. Jeder hat Beziehungen zu anderen Menschen

Jeder Mensch wird von einer Frau geboren und von einem Mann gezeugt. Das gilt auch für Menschen, die durch künstliche Befruchtung gezeugt wurden. Niemand erschafft sich selbst. Wenn ein Mensch geboren wurde, ist er zum Überleben weiter auf andere Menschen angewiesen. Wenn niemand ihn versorgt, stirbt er schneller, als er geboren wurde.

Der Mensch gewinnt mehr Selbstständigkeit, wenn er erwachsen wird. Aber völlig unabhängig von anderen Menschen wird er nie. In Krankheit und Alter ist er wieder stärker auf gute Beziehungen zu anderen Menschen angewiesen.

Die Frau oder den Mann fürs Leben zu finden, ist einer der stärksten Wünsche für ein erfülltes Leben. Hochzeiten werden darum als rauschende Feste gefeiert. Wir wissen aus Erfahrung allerdings, dass sich der ersehnte Himmel allzu schnell zur Hölle auf Erden entwickeln kann.

Ohne Beziehungen zu anderen Menschen ist kein Leben möglich. Wenn diese Beziehungen uns stützen und stärken, gelingt das Leben. Wenn Menschen sich gegenseitig missachten und verletzen, wird unser Leben zerstört.

2. Jeder Mensch hat eine Beziehung zu sich selbst

Philosophen haben das schon immer als eine Besonderheit des Menschen beschrieben. Der Mensch kann über sich selbst nachdenken. Das ist aber nicht nur ein Gedankenspiel. Wir erleben heute, dass sehr viele Menschen sich selbst ablehnen und geradezu hassen. Sie finden sich zu dick, zu groß oder zu klein, nicht schön genug, nicht klug genug, unfähig, ungeschickt, nicht erfolgreich, nicht angesehen, zu arm. Das Elend des Tages beginnt für manche schon morgens mit dem Blick in den Spiegel.

Ganze Wirtschaftszweige bieten Hilfen und verdienen viel Geld damit, diese Probleme zu lösen. Kleider machen Leute. Das ist eine alte Weisheit. Schönheitschirurgen schneiden, saugen, spritzen, basteln den Menschen nach seinen Wünschen zurecht. Nicht nur das Aussehen, auch das Seelenleben wird mithilfe von Experten zurechtgemacht.

Schnell wird dabei aufgedeckt, dass die Beziehung, die ich zu mir selbst habe, sehr stark von Beziehungen zu anderen Menschen bestimmt wird. Was erwarten die Eltern von mir? Was die Lehrer und die Vorgesetzten? Wie reden die Bekannten über mich?

Am Küchenschrank in unserer Wohnung klebte lange Zeit ein Zettel mit dem Spruch: »Wir Deutschen sind das Volk der Denker. Wir denken immer, was die anderen über uns denken.«

Wenn wir kein gutes Verhältnis zu uns selbst haben, kann das verheerende Folgen haben. Wir essen und trinken zu viel. Alkoholismus und Drogensucht zerstören das Leben. Magersucht ist wie eine moderne Pest. Wir verletzen uns selbst. Wir lassen unsere Unzufriedenheit mit uns selbst an anderen aus. Wir zerstören Beziehungen zu anderen Menschen oder können gar keine Vertrauensbeziehungen aufbauen.

3. Jeder Mensch hat Beziehungen zu den Dingen

Zu den Dingen gehört die Luft, die wir atmen, Nahrung und Getränke, Pflanzen und Tiere, aber auch alles, was Menschen produzieren und bauen. Gesundheit ist das größte Thema überhaupt. Vor 50 Jahren war Umweltschutz ein unbekanntes Wort. Wer heute nicht grün denkt, hat politisch keine Erfolgsaussichten. Saubere Luft, sauberes Wasser, gesunde Ernährung. Vor einem Jahr haben Europäer noch über Asiaten gelacht, die Schutzmasken im Gesicht trugen. Niemand hätte geglaubt, dass von jetzt auf gleich Millionen Europäer sich aus Sorge vor Ansteckung mit einem für das bloße Auge unsichtbaren Virus mit solchen Masken schmücken würden. Übrigens auch solche, die sonst angeblich nur glauben, was sie sehen.

Wir haben keine Wahl. Wir können nur in Beziehung zu den Dingen leben. So der so. Entweder nähren und stärken sie uns oder sie vergiften uns und machen uns krank. Gesundheit und Umweltschutz sind Überlebensfragen.

4. Jeder Mensch hat eine Beziehung zu Gott

Wenn Gott nicht nur die Erfindung menschlicher Hirne, sondern der Schöpfer und Erhalter der Welt ist, dann hat jeder Mensch eine Beziehung zu ihm. So oder so. Lebe ich in harmonischer Beziehung mit Gott, wird mein Leben durch die schöpferische Kraft des Schöpfers gespeist. Existiert Gott unabhängig von dem, was ich über ihn denke oder glaube, dann hat es verheerende Wirkungen auf mein Leben, wenn ich so tue, als gäbe es ihn nicht.

Ich habe schon beschrieben, dass wir Gott nur dadurch kennen können, dass er sich offenbart hat. Was wir von uns aus über Gott denken, ist immer nur Einbildung. Wir können uns Gott immer nur als vergrößerten, verbesserten Menschen, als Kraft der Natur oder des Universums, als höchstes Prinzip vorstellen. Wir können von uns aus weder wissen, ob er ist, noch wer oder was er ist. Gott aber hat sich selbst offenbart. Er hat geredet und gehandelt mit den Menschen, insbesondere mit dem Volk Israel. Für alle Welt hat er geredet und gehandelt durch Jesus Christus.

Gottes Geschichte mit der Welt ist eine Beziehungsgeschichte. Er hat die Welt durch sein Wort erschaffen. Gott offenbart sich selbst als Beziehungswesen. Im Offenbarungsbericht über die Erschaffung des Menschen lesen wir:

> Und Gott sprach: Lasset uns Menschen machen, ein Bild, das uns gleich sei, die da herrschen über die Fische im Meer und über die Vögel unter dem Himmel und über das Vieh und über alle Tiere des Feldes und über alles Gewürm, das auf Erden kriecht. Und Gott schuf den Menschen zu seinem Bilde, zum Bilde Gottes schuf er ihn; und schuf sie als Mann und Frau. Und Gott segnete sie und

sprach zu ihnen: Seid fruchtbar und mehret euch und füllet die Erde und machet sie euch untertan.

1. Mose 1,26-28

Gott redet zu sich selbst in der Mehrzahl der Majestät. In der biblischen Offenbarung wird er sich zeigen als der dreieine Gott, Vater, Sohn und Heiliger Geist. Er ist in sich selbst Gemeinschaftswesen und schafft den Menschen als Gegenüber, wie ein Spiegelbild das Gegenüber zu dem ist, der in den Spiegel schaut. Und er macht den Menschen in der Gemeinschaft von Mann und Frau.

Jeder Mensch ist also von Gott geschaffen. Und jeder Mensch ist für die Gemeinschaft mit Gott geschaffen. Diese Gemeinschaft ist durch das Wort, das Gott an den Menschen richtet, bestimmt. Es ist also eine Personengemeinschaft. Gott hat uns nicht zu Marionetten gemacht. Er redet zu uns Menschen. Wir können und sollen ihm antworten. Er hat uns als Geschäftsführer über seine Welt gesetzt, gesegnet und beauftragt, die Erde zu bauen und zu bewahren (1. Mose 2,15). Wir dürfen Gott antworten im Gebet und ihm glauben, indem wir auf sein Wort horchen und ihm gehorchen.

Zur Würde des Menschen gehört, dass Gott ihn liebt. Liebe zwingt nicht. So kann der Mensch Gott die Antwort auch verweigern. Das geschieht am Anfang der Menschheitsgeschichte und wiederholt sich im Leben jedes Menschen seitdem. Der Mensch wird zum Rebellen gegen den Schöpfer. Er maßt sich an, der Eigentümer des Lebens zu sein, nicht nur der Geschäftsführer über Gottes Eigentum. Dadurch wird die Beziehung zu Gott gestört. Das bezeichnet die Bibel als Sünde. Sünde ist Rebellion gegen Gott.

Was sind nun die Folgen für das Beziehungswesen Mensch?

Wechselwirkungen im vierfachen Beziehungsgeflecht

Wir haben festgestellt, dass jeder Mensch in vier Grundbeziehungen lebt: zu anderen Menschen, zu sich selbst, zu den Dingen und zu Gott. Alles, was in unserem Leben geschieht, hat mit den vier Grundbeziehungen zu tun. Die vier Beziehungen stehen in Wechselwirkungen miteinander. Das kennen wir aus unserem Leben.

Wenn jemand nicht im Frieden mit sich selbst lebt, unsicher ist und unter Minderwertigkeitsgefühlen leidet, versucht er das vielleicht dadurch zu betäuben, dass er Alkohol trinkt oder Drogen nimmt. Oder er übertönt seine Minderwertigkeitsgefühle dadurch, dass er aggressiv schnell Auto fährt.

Sein gestörtes Verhältnis zu sich selbst wirkt sich auf den Missbrauch der Dinge aus. In unserem Fall Alkohol, Drogen, Auto. Es gehört nicht viel Fantasie dazu, um zu sehen, dass sich der Missbrauch der Dinge zerstörerisch auf das Verhältnis zu anderen Menschen auswirkt.

Die Wechselwirkungen der ersten drei Beziehungen – zu sich selbst, zu anderen Menschen, zu den Dingen – wird niemand leugnen können.

Die Beziehung zu Gott ist unter uns Menschen strittig. Wenn Gott nur meine Einbildung ist, dann besteht das Beziehungsgeflecht nur aus den drei Grundbeziehungen zu mir selbst, zu anderen Menschen und zu den Dingen. Auch wenn die Vorstellung von Gott nur von der Menschengemeinschaft in der Geschichte produziert wurde, dann gibt es ihn nicht unabhängig vom Glauben der Menschen. Dann spielt er vielleicht eine Rolle für die, die an ihn glauben. Aber für die anderen ist er nicht real. Er hat also mit ihrem Leben nichts zu tun.

Der kanadische Philosoph Charles Taylor hat ausführlich beschrieben, wie es dazu gekommen ist, dass sich in Europa und

Nordamerika bei der Mehrheit der Menschen eine Vorstellung entwickelt hat, die er »abgeschlossene Diesseitigkeit« nennt. Gott ist für die meisten Menschen nicht real. Ihre Weltanschauung ist von einem »selbstgenügsamen, ausgrenzenden Humanismus« bestimmt. Der Mensch ist für sich selbst die höchste Instanz.[4]

Was folgt daraus?

Ich bin nicht überrascht, dass die meisten Menschen in unserer Gesellschaft Gott nicht berücksichtigen, wenn sie über gelingendes Leben nachdenken. Die meisten haben begriffen, dass gelingende Beziehungen für das gelingende Leben entscheidend sind. Aber sie meinen, das Beziehungsgeflecht des Menschen sei auf drei Grundbeziehungen beschränkt: die Beziehung zu sich selbst, zu anderen Menschen und zu den Dingen.

Die Existenz Gott hängt allerdings nicht davon ab, ob Menschen an ihn glauben oder nicht. Umgekehrt aber hängt das gelingende Leben der Menschen davon ab, dass sie die Lösung ihrer Probleme in allen realen Beziehungen suchen und finden. Wer nur ein Teil des Problems anpackt, kann keine ganze Lösung erwarten.

Versöhnung in vierfacher Beziehung

Dieses Buch hat ein Hauptziel: Leser einzuladen und zu überzeugen, dass der lebendige Gott sich in Jesus Christus uns Menschen offenbart hat. Die in der Bibel dokumentierte Offenbarung Gottes zeigt uns, dass es vor allem um versöhnte, geheilte Beziehungen geht. Schauen wir auf ein Schlüsselwort der Bibel:

Gott war in Christus und versöhnte die Welt mit ihm selber und rechnete ihnen ihre Sünden nicht zu und hat unter uns aufgerichtet das Wort von der Versöhnung. So sind wir

nun Botschafter an Christi statt, denn Gott ermahnt durch
uns; so bitten wir nun an Christi statt: Lasst euch versöhnen mit Gott! Denn er hat den, der von keiner Sünde
wusste, für uns zur Sünde gemacht, auf dass wir in ihm die
Gerechtigkeit würden, die vor Gott gilt.

2. Korinther 5,19-21

Was wir mit dem modernen Wort Beziehungen bezeichnen, wird
in der Bibel unter dem Begriff »Bund« beschrieben. Gott schließt
eigentlich schon in der Schöpfung einen Bund mit den Menschen,
den diese aber brechen. Gott schließt mit Noah nach dem Gericht
der Sintflut einen Bund zur Erhaltung der Welt mit der Notordnung
der Eindämmung des Bösen durch Androhung und Vollzug von
Gewalt.

Mit Abraham schließt Gott den Bund, in dem die Rettung der
Welt aus der Rebellion beginnt. Er beginnt exklusiv mit Abraham,
Isaak und Jakob und dem Volk Israel, ist aber von Anfang an global
angelegt. Gott verspricht dem Abraham:

Ich will segnen, die dich segnen, und verfluchen, die
dich verfluchen; und in dir sollen gesegnet werden alle
Geschlechter auf Erden.

1. Mose 12,3

Von Abraham geht es weiter zum Bundesschluss am Sinai nach der
Befreiung Israels aus der Knechtschaft in Ägypten. Dieser Bund
führt weiter zum Bund mit dem König David und der Verhei-
ßung des kommenden Messias. In Jesus wird dieses Versprechen
erfüllt:

Gott war in Christus und versöhnte die Welt mit ihm
selber ...

vgl. 2.Korinther 5,19

Gott löst das Grundproblem unseres Lebens, indem die Grundbeziehung geheilt wird: Versöhnung mit Gott durch den gekreuzigten
und auferstandenen Messias Jesus.

Wie sehen die Folgen dieser Versöhnung für die anderen drei
Grundbeziehungen unseres Lebens aus?

Die Versöhnung mit anderen Menschen erreicht sogar die Feinde. Ja, das ist geradezu das Alleinstellungsmerkmal des christlichen
Glaubens. Der Messias Jesus sagt seinen Nachfolgern:

Ihr habt gehört, dass gesagt ist: ›Du sollst deinen Nächsten
lieben‹ (3. Mose 19,18) und deinen Feind hassen. Ich aber
sage euch: Liebt eure Feinde und bittet für die, die euch
verfolgen, damit ihr Kinder seid eures Vaters im Himmel.
Denn er lässt seine Sonne aufgehen über Böse und Gute
und lässt regnen über Gerechte und Ungerechte. Denn
wenn ihr liebt, die euch lieben, was werdet ihr für Lohn
haben? Tun nicht dasselbe auch die Zöllner? Und wenn
ihr nur zu euren Brüdern freundlich seid, was tut ihr
Besonderes? Tun nicht dasselbe auch die Heiden? Darum
sollt ihr vollkommen sein, wie euer Vater im Himmel vollkommen ist.

Matthäus 5,43-48

Jesus ist die Feindesliebe Gottes in Person. Er stirbt stellvertretend
für die Sünder. Er schafft damit die Voraussetzung für die Feindesliebe seiner Jünger. Weil Gottes Feindesliebe zu uns fließt, können

wir Feindesliebe weitergeben. Das ist die Quelle für die Heilung menschlicher Beziehungen.

Jeder, der diese Liebe erfährt, darf sich selbst in neuem Licht sehen. Ein wunderbares Gebet aus Psalm 139,14 dürfen wir neu beten lernen:

> Ich danke dir dafür, dass ich wunderbar gemacht bin;
> wunderbar sind deine Werke; das erkennt meine Seele.

Ich muss mich nicht neidisch mit anderen vergleichen. Ich muss mich auch nicht an den Erwartungen anderer messen, die ich nicht erfüllen kann. Ich darf wissen, dass ich Jesus seinen letzten Blutstropfen wert bin. Ich bin doppelt geliebt. Gott hat mich mit Liebe geschaffen und aus Liebe durch Jesus erlöst. Gern empfehle ich anderen die Medizin, die ich selbst einnehme: voll Dankbarkeit auf Jesus blicken und Psalm 139,14 dreimal täglich beten!

Auch die vierte Beziehung darf heilen, wenn wir durch Jesus mit Gott versöhnt sind: unser Verhältnis zu den Dingen. Die Dinge sehen anders aus, wenn ich den Schöpfer der Dinge kenne und liebe. Mit David kann ich beten:

> Die Erde ist des HERRN und was darinnen ist, der Erdkreis und die darauf wohnen.
>
> *Psalm 24,1*

Schon in den Gemeinden des ersten Jahrhunderts gab es Diskussionen, um nicht zu sagen Streit über das, was man essen und trinken durfte. Paulus vermittelt seinem Mitarbeiter Timotheus, der Verantwortung als Gemeindeleiter hatte, die neue Sicht auf die Dinge:

Denn alles, was Gott geschaffen hat, ist gut, und nichts ist
verwerflich, was mit Danksagung empfangen wird; denn
es wird geheiligt durch das Wort Gottes und Gebet.

1. Timotheus 4,4

Unser ganzes Leben ist von den vier Grundbeziehungen bestimmt,
die miteinander in Wechselbeziehung stehen. Unsere Probleme
betreffen meistens alle vier Beziehungen. Wenn wir versuchen, die
Lösung nur in einer Beziehung zu finden, wird es nicht zu einer
völligen Heilung kommen. Das können wir uns am Beispiel eines
Alkoholkranken veranschaulichen. Die körperliche Alkoholabhängigkeit kann durch eine Entzugskur behoben werden. Aber die
Ursachen für die Entstehung der Alkoholabhängigkeit liegen in der
Regel in sozialen und persönlichen Lebensproblemen. Wenn diese
Probleme nicht angegangen und gelöst werden, wird der Betroffene
nach der körperlichen Entgiftung schnell wieder rückfällig.

Wir reden heute gern von Ganzheitlichkeit. Es ist schon viel
gewonnen, wenn wir den Zusammenhang zwischen körperlichem,
seelischem und sozialem Ergehen und Verhalten berücksichtigen.
Wenn wir aber unser Leben und die Welt ohne die Beziehung zu
Gott betrachten und behandeln, ist das nicht ganzheitlich. Wer nur
ein Teil des Problems anpackt, kann keine ganze Lösung erwarten.

Die Bibel kennt von der ersten bis zur letzten Seite eigentlich nur
das eine Thema: Gottes Bund mit den Menschen und der ganzen
Schöpfung. Die biblische Offenbarung zeigt uns, dass jeder Mensch
für diesen Bund geschaffen ist und dass der Bruch des Bundes mit
Gott immer Auswirkungen auf alle anderen Beziehungen hat, die
unser Leben ausmachen. Die Vergebung der Sünde und die Versöhnung mit Gott ist das große Thema der Bibel. Das Ziel ist erreicht,
wenn Gott den neuen Himmel und die neue Erde schafft, in der es

keine Sünde, kein Leid und keinen Tod mehr geben wird. Das wird Leben in ungestörter Harmonie mit dem Schöpfer sein.

Das zentrale Thema der Bibel ist das brennendste Thema unseres Lebens. Das möchte ich nun noch an der größten Sehnsucht des modernen Menschen verdeutlichen. Es ist die Sehnsucht nach Liebe, die allzu oft leider in schmerzhaftem Scheitern endet. Warum eigentlich?

Ist Liebe vor allem ein Gefühl?

So verschieden wir Menschen auch sein mögen, wir haben alle eine tiefe Sehnsucht nach Liebe. Was ist Liebe? Muss man die Frage überhaupt stellen? Kennt die Antwort nicht jedes Kind? Mir scheint, es gibt Klärungsbedarf. Seit gut 200 Jahren hat sich nämlich in Europa die Vorstellung entwickelt, dass Liebe vor allem ein Gefühl sei. Ist das falsch? Natürlich nicht, Liebe ist auch ein Gefühl. Aber vor allem ist sie Entscheidung und Tat. Wem das fremd vorkommt, der liegt durchaus im Trend unserer Zeit.

Warum heiraten Menschen? In früheren Zeiten entschieden die Oberhäupter der Familien, wer wen heiratete. Das ist in großen Teilen der Welt auch heute noch so. Soziale und wirtschaftliche Gründe waren und sind für die Auswahl der Ehepartner überwiegend ausschlaggebend. In vielen Kulturen lernen sich die Eheleute erst bei der Hochzeit wirklich kennen. Oft stellt sich dann auch das Gefühl der Liebe ein.

Wir sind daran gewöhnt, dass Mann und Frau sich zuerst verlieben und dann selbst entscheiden, ob sie heiraten und ein Leben lang zusammenbleiben wollen. Verliebtsein ist eine wunderbare Erfahrung. Die geliebte Person beherrscht Tag und Nacht Gedanken und Gefühle. Es heißt, die Liebe mache blind. Man kann aber auch sagen, sie öffnet die Augen für die Schönheit des geliebten

Menschen. Für die Schönheit ihrer und seiner Gestalt, die Schönheit ihrer und seiner Art zu reden und sich zu verhalten. Die Begeisterung der Verliebten füreinander blendet gern Schwierigkeiten aus. Beide können und wollen sich gar nicht vorstellen, dass irgendetwas die Zuneigung stören und beenden könnte.

Nun ist es aber Tatsache, dass diese schwärmerischen Liebesgefühle Ausdruck der gegenseitigen erotischen Anziehung sind. Die erotische Anziehung gehört zur Sexualität, mit der Gott, der Schöpfer, uns Menschen beschenkt hat. Sie bereitet die körperliche Vereinigung von Mann und Frau zur Zeugung von Kindern vor. Das Gefühl des Verliebtseins ist nicht von Dauer. Es vergeht nach einiger Zeit. Überhaupt, Gefühle sind nicht von Dauer.

Wenn das schwärmerische Gefühl schwindet, sieht man manches realistischer. Dann ist die Entscheidung fällig: Will ich mit diesem Menschen leben? Will ich ihn mit seinen tollen und schwierigen Eigenschaften lieben? Wenn ich mich dafür entscheide, hat das Folgen für mein Handeln und Verhalten. Liebe besteht in Entscheidungen und Taten, die dann auch unsere Gefühle bestimmen. Gefühle des Verliebtseins können durch Entscheidungen und Taten der Liebe immer wieder erneuert werden.

Viele scheinen das nicht zu wissen. Sie haben erlebt, wie sie von Liebesstürmen für eine Person überwältigt wurden. Dann waren die Gefühle irgendwann verschwunden. Gefühle von Abneigung oder gar Hass wurden durch enttäuschende Erfahrungen ausgelöst und haben sich breitgemacht. Was tun? Kann man sich zu bestimmten Gefühlen zwingen? Das geht doch nicht, oder?

Gefühle kommen überraschend über einen, lodern wie Feuer, verlöschen und lassen kalte Asche zurück. Das scheint wie ein Schicksal zu sein, gegen das man leider nichts machen kann. Wir leben heute im »Zeitalter der Authentizität«, schreibt der Philosoph Charles Taylor. Wir wollen echt sein. Höre auf dein Herz, sagen uns Stimmen von außen und innen. Also werden Beziehungen beendet, wenn die

Liebesgefühle füreinander erloschen sind. Man kann das auch noch religiös verklären. Gott ist ja Liebe. Er wird uns nicht zumuten, mit jemandem zusammenzubleiben, für den wir nichts empfinden.

So ist die Liebe leider auch der Grund für das Scheitern vieler Beziehungen geworden. Wenn man nicht aus Gründen der finanziellen Versorgung und der sozialen Absicherung zusammenbleiben muss, liegt die Trennung nahe, wenn die Gefühle erloschen sind. Wir sind heute stolz darauf, dass man nicht aus wirtschaftlichen und sozialen Gründen, sondern aus Liebe heiratet. Das Elend ist allerdings darin begründet, dass wir seit etwa 200 Jahren in der westlichen Welt Liebe mehr und mehr vor allem als Gefühl verstehen.

Darin liegt auch begründet, dass wir uns nicht verantwortlich sehen. Gefühle kommen und gehen wie das Wetter oder ein übermächtiges Schicksal. Da kann man nichts machen. So stehlen wir uns aus der Verantwortung.

Das muss nicht so sein. Wir können nämlich auch heute wissen, dass Liebe nicht zuerst und nicht vor allem ein Gefühl ist. Sie besteht aus Entscheidungen und Taten, durch die dann auch Gefühle bestimmt werden.

So sehr hat Gott die Welt geliebt

Wenn die Bibel von der Liebe Gottes berichtet, geht es nicht um Gefühle, sondern um Entscheidungen und Taten. Das gilt vom Anfang bis zum Ziel der Geschichte Gottes mit der Welt. Die kompakteste Fassung des Evangeliums lesen wir in Johannes 3,16:

> Denn also hat Gott die Welt geliebt, dass er seinen eingeborenen Sohn gab, auf dass alle, die an ihn glauben, nicht verloren werden, sondern das ewige Leben haben.

Die Liebesgeschichte Gottes mit seiner Welt wird in einer Kette von Berichten in der Bibel dargestellt. Die Kreuzigung Jesu ist Tiefpunkt und Höhepunkt zugleich. Es geht dabei nicht um theologische Gedanken, es geht um tatsächliches Geschehen. Kritiker haben immer wieder versucht, Paulus als theologischen Erfinder einer Erlösungslehre durch den stellvertretenden Sühnetod Jesu darzustellen. Entscheidend aber war, dass Gott den Leichnam des gekreuzigten Jesus aus dem Tod auferweckte. Damit bestätigte Gott selbst, dass Jesus in seinem Sterben das Gericht Gottes für uns getragen hat. Nicht Gedanken oder Gefühle, sondern Taten, Taten, Taten offenbaren die Liebe Gottes.

Und weil die Liebe Gottes sich durch Taten beweist, wirkt sie real in unser Leben hinein. Sie wirkt sich in unserem Leben aus und wird zum Antrieb in uns. Paulus schreibt:

> … die Liebe Gottes ist ausgegossen in unsre Herzen durch den Heiligen Geist, der uns gegeben ist. … Gott aber erweist seine Liebe zu uns darin, dass Christus für uns gestorben ist, als wir noch Sünder waren.
>
> *Römer 5,5.8*

Paulus schreibt an gleicher Stelle ausdrücklich, dass

> … wir mit Gott versöhnt worden sind durch den Tod seines Sohnes, als wir noch Feinde waren.
>
> *Römer 5,10*

Gottes Liebe zu uns Menschen ist also Feindesliebe. Genau das hat Jesus bewiesen, als er am Kreuz für die Menschen betete, die ihn töteten.

Wenn wir diese Feindesliebe Gottes empfangen, wird sie in uns zum Antrieb, mit dem wir auch unsere Feinde lieben wollen und können. Oder um es mit einem anderen Bild auszudrücken: Die Feindesliebe Gottes fließt so reich in unser Leben, dass ihr Überfluss durch uns sogar unsere Feinde erreicht. Von diesem Überfluss der Liebe redet Jesus in der Bergpredigt (Matthäus 5,43-48). Jesus nennt hier als Ausdruck der Liebe zu den Feinden die Fürbitte. In dem parallelen Wort in Lukas 6,27-28 nennt er noch weitere Taten der Liebe:

> Liebt eure Feinde; tut wohl denen, die euch hassen; segnet, die euch verfluchen; bittet für die, die euch beleidigen.

Übersieht Jesus, dass man Gefühle nicht einfach kommandieren kann? Ist sein Gebot der Feindesliebe nicht eine Überforderung? Wird es nicht verständlicherweise als weltfremdes Ideal angesehen?

Nein, im Gegenteil. Ich habe ausprobiert und erlebt, dass durch die Taten der Liebe, die Jesus gebietet, auch meine Gefühle für die Menschen verändert werden. Wenn ich regelmäßig für einen Menschen bete, kann ich ihn auf Dauer nicht mehr hassen.

Ich bekam vor einiger Zeit ein kleines Bronzekreuz geschenkt. Darauf war oben der Kopf von Jesus eingraviert, darunter die Gesichter von Menschen. Diese Darstellungen bedeckten das ganze Kreuz. Ich sehe also die Menschen im Kreuz. Was sagt mir das? Jeder Mensch ist Gott einen Christus wert. Jeder Mensch ist für Jesus so wertvoll, dass er für ihn seinen letzten Blutstropfen vergießt. Das gilt auch für Menschen, die diese Liebe nicht erkannt haben oder sogar ablehnen. Diese Wahrheit gilt auch für die Menschen, die ich nicht mag oder die mir Probleme machen. Was auch immer an ihnen zu kritisieren ist, sie sind wertvoll und von Jesus sehr geliebt. Ich darf sie also im Strahlenkranz dieser Liebe sehen, was auch immer mich an ihnen stört.

Ich habe dieses kleine Bronzekreuz in Augenhöhe neben die Tür meines Arbeitszimmers gehängt. Ich blicke darauf, wenn ich das Zimmer verlasse. Es erinnert mich immer wieder daran, dass ich alle Menschen durch den gekreuzigten Jesus sehen will. Ich habe diese Erinnerung nötig. Und ich erlebe dankbar, dass der Blick durch Jesus meine innere Einstellung zu Menschen verändert.

Ein erfahrener Lebensberater erklärte einmal mit einem sehr praktischen Beispiel, wie Taten unsere Gefühle verändern. Er beschreibt jemanden, der bis tief in die Nacht auf einer Geburtstagsfeier war. Er kommt erst um drei Uhr ins Bett. Am nächsten Morgen hat er um acht Uhr einen Termin bei seinem Chef. Es geht um ein wichtiges Problem. Er stellt den Wecker auf sechs Uhr. Der klingelt und weckt einen immer noch todmüden Mann. Was tun?

Er hat zwei Möglichkeiten. Er könnte sich sagen: »Ich bin todmüde. Wenn ich jetzt aufstehe und so tue, als wäre ich wach, bin ich doch ein Heuchler. Ich will ehrlich und authentisch sein.« Er stellt also den Wecker ab und schläft weiter. Um neun Uhr wacht er auf und ist einigermaßen gut ausgeschlafen. Dann fällt ihm ein, dass der wichtige Termin mit dem Chef schon um acht Uhr war. Jetzt hat er ein richtig großes Problem. Wie sind wohl seine Gefühle?

Die andere Möglichkeit: Der Wecker klingelt um sechs Uhr. Er ist immer noch sehr müde. Er quält sich trotzdem aus dem Bett. Unter der Dusche kommt der Kreislauf in Gang. Er erreicht pünktlich das Büro des Chefs. Das Problem wird gelöst. Wie ist sein Gefühl? Gut, trotz Müdigkeit. Er hat verantwortlich gehandelt. Das hat seine Gefühle verändert.

Bitte kein Missverständnis! Gefühle sind wichtig. Es ist nicht hilfreich, sie zu verdrängen. Ihre Antriebskraft darf man nicht unterschätzen. Aber es ist auch nicht hilfreich, ihnen widerspruchslos die Steuerung unseres Verhaltens zu überlassen. Wer nach dem Grundsatz lebt: »Gut ist, wenn ich mich gut fühle«, kann dressiert werden wie eine Kuh. Jeder Kuh begreift, dass Gras mit Stromstößen nicht so gut schmeckt wie Gras ohne Stromstöße. Wenn die Weide mit einem Elektrozaun eingegrenzt ist, bekommt sie die schmerzhaften Stromstöße zu spüren, wenn sie beim Grasen mit dem Zaun in Berührung kommt.

Darum können Beziehungen gelingen

Sehr viele Menschen heute haben begriffen, dass das Leben gelingt, wenn die Beziehungen, in denen sie leben, gelingen. Sie sehnen sich jedenfalls nach gelingenden Beziehungen. Diese Sehnsucht kann nur erfüllt werden, wenn wir zwei Fehleinschätzungen verändern.

Wenn wir die Gottesbeziehung ausblenden, haben wir nicht das ganze vierfache Beziehungsgeflecht, das unser Leben ausmacht, im Blick. Weil aber alle wichtigen Probleme unseres Lebens alle vier Beziehungen betreffen – zu Gott, zu mir selbst, zu anderen Menschen und zu den Dingen –, kann es Lösungen nur geben, wenn wir alle vier Beziehungen berücksichtigen.

Die zweite Fehleinschätzung, dass Liebe vor allem Gefühl sei, verhindert die Heilung der gestörten Liebesbeziehungen. Weil Liebe vor allem aus Entscheidungen und Taten besteht, können wir zur Erneuerung beitragen. Antriebskraft für diese Erneuerungsarbeit können wir aus den großen Taten der Liebe Gottes schöpfen. Der Nachschub seiner Liebe ist unbegrenzt.

Vielleicht befremdet es Sie, liebe Leser, dass ich von Erneuerungsarbeit schreibe. Ja, gestörte Beziehungen können nur geheilt werden, wenn wir dafür etwas tun. Das wird auch Mühe kosten.

Der Eheberater Gary Chapman hat mit seinen fünf Sprachen der Liebe dafür einen gut verständlichen Weg für Paare und auch für Familien und Singles gewiesen.[5] Es gilt, die verblüffend einfache Tatsache zu erkennen, dass wir Menschen Liebe auf verschiedene Weise wahrnehmen und mitteilen. Gary Chapman hat fünf Gruppen eingeteilt, die er »Sprachen« nennt. Erstens Lob und Anerkennung, zweitens Zeit mit voller Aufmerksamkeit, drittens Geschenke machen und empfangen, viertens Dienste tun, fünftens zärtliche Berührungen.

Kaum einer spricht alle fünf Sprachen. Man muss zuerst herausfinden, welche Sprachen man selbst spricht. Dann gilt es, die Sprache des anderen zu erkennen. Meistens sprechen wir nicht die gleiche Sprache. Aus Liebe entscheide ich dann: Ich will die Sprache des anderen lernen. Es kostet Mühe, Sprachen zu lernen. Den wenigsten fällt das leicht. Aber es ist möglich. Und er gibt keinen Grund mehr zu sagen: Das ist unmöglich. Liebe besteht zuerst aus Entscheidungen und Taten.

Auch für unsere Beziehung zu Gott ist diese praktische Veranschaulichung hilfreich.

Gott bevorzugt es, uns seine Liebe zu beweisen, indem er uns dient. Jesus wäscht seinen Jüngern die Füße. Er tut uns zuliebe die Drecksarbeit der Vergebung der Sünden. Das Schlüsselwort zum Verständnis seiner Liebe lautet:

Der Menschensohn ist nicht gekommen, dass er sich die nen lasse, sondern dass er diene und sein Leben gebe als Lösegeld für viele.

Markus 10,45

Gottesdienst bedeutet zuerst, dass Gott uns dient. Nur wenn wir uns diesen Dienst gefallen lassen, werden wir auch Gott und Menschen dienen können. Und was die Beziehungen angeht, besteht der wichtigste Dienst darin, dass wir die von Gott empfangene

Vergebung der Schuld an andere weitergeben. So wahr Jesus selbst alle Voraussetzungen für die Vergebung der Schuld durch seinen stellvertretenden Tod am Kreuz geschaffen hat, so wahr will er, dass wir von seinem Geschenk an andere weitergeben. Er lehrt uns:

> Und vergib uns unsere Schuld, wie auch wir vergeben unsern Schuldigern. … Denn wenn ihr den Menschen ihre Verfehlungen vergebt, so wird euch euer himmlischer Vater auch vergeben. Wenn ihr aber den Menschen nicht vergebt, so wird euch euer Vater eure Verfehlungen auch nicht vergeben.
>
> *Matthäus 6,12.14-15*

Vergebung der Schuld ist das wichtigste Heilmittel für unsere Beziehungen. Es ist lebensnotwendig. Wir werden aneinander schuldig. Sie hilft nicht, das unter den Teppich zu kehren. Schuld muss erkannt und anerkannt werden. Nicht Verharmlosung und Verdrängung, sondern Vergebung ist die Lösung.

Gary Chapman nennt als eine der Sprachen, dem Partner Zeit mit voller Aufmerksamkeit zu widmen. Auch das ist eine bevorzugte Sprache der Liebe Gottes. Er möchte zu uns durch sein Wort reden und lädt uns ein, im Lesen und Hören seines Wortes und im Gebet Zeit ausschließlich mit ihm zu verbringen.

Ich möchte Sie sehr herzlich einladen, regelmäßig solche Zeiten der exklusiven Aufmerksamkeit mit Gott zu verbringen. Gott hat jedem Menschen an jedem Tag 24 Stunden geschenkt. Es wird unserer Gottesbeziehung guttun, wenn wir ihm an jedem Tag eine gewisse Zeit mit voller Aufmerksamkeit widmen. Bei dem Trubel um uns herum bedarf es dazu einer Entscheidung, die man immer wieder verteidigen und gegen Widerstände durchsetzen muss.

Das ist übrigens bei Ehepaaren nicht anders. Wenn die sich nicht bewusst exklusive Zeiten miteinander und füreinander nehmen, werden sie sich schnell auseinanderleben.

Jesus hat versprochen, dass er mitten dabei ist, wenn zwei oder drei sich in seinem Namen versammeln (Matthäus 18,20). Er liebt die Familie Gottes. Darum treffen sich Christen regelmäßig zu gemeinsamen Gottesdiensten und zu Bibel- und Gebetsgruppen. Wenn jemand diese Gemeinschaft verachtet und vernachlässigt, muss er sich nicht wundern, dass seine Gottesbeziehung kalt, theoretisch und problematisch wird. Auch in dieser Hinsicht gilt, dass Liebe zuerst eine Entscheidung ist.

Liebe und Gebote – wie passt das zusammen?

So wie wir in der westlichen Welt seit gut 200 Jahren Liebe auf Gefühle verkürzt haben, ist es auch mit dem Glauben geschehen. Und weil wir heute dazu neigen, Liebe und Glauben vor allem als Gefühl zu verstehen, tun wir uns mit dem Halten der Gebote Gottes schwer. Wir empfinden, dass Liebe und Gebote nicht zusammenpassen. Liebe ist spontan und nicht reglementiert, oder? Wenn dann noch die erotische Liebe durch Gebote reglementiert werden sollen, bricht bei vielen Zeitgenossen die Empörung aus.

Jesus hat das ganz anders gesehen. Er hat gesagt:

> Wie mich mein Vater liebt, so liebe ich euch auch. Bleibt in meiner Liebe! Wenn ihr meine Gebote haltet, bleibt ihr in meiner Liebe, so wie ich meines Vaters Gebote gehalten habe und bleibe in seiner Liebe.
>
> *Johannes 15,9-10*

Die Gebote Gottes zu halten ist also Ausdruck der Liebe. Das leuchtet eigentlich ein. Wenn ich einen Menschen liebe, möchte ich mit ihm in Harmonie leben. Mich interessiert, was er liebt und gern tut. Dem möchte ich entsprechen. Es macht mich traurig, wenn mein Verhalten ihn traurig macht. Es ist ein Kennzeichen der Liebe zu Gott, dass ich gern seinen Willen kennenlernen und tun möchte.

Es wird Ihnen, liebe Leser, nicht entgangen sein, dass auch in den Kirchen neuerdings oft so argumentiert wird, dass es um Liebe ginge und nicht um das Einhalten von biblischen Geboten, die außerehelichen Sex und homosexuelle Handlungen verbieten. Wie kann das sein? Nun, das ist nicht überraschend neu. Schon im alten Israel fanden die Leute die Gebote Gottes etwas zu streng und sympathisierten mit Baal, dem Gott des Erfolges und der Fruchtbarkeit. Zu dessen Kult gehörte eine ausschweifende Sexualität, auch religiös verbrämte Prostitution.

Wo also das Halten der Gebote Gottes zur Liebe im Gegensatz gesehen wird, hat man offensichtlich den Gott gewechselt, den man anbetet. Das löst unsere Beziehungsprobleme natürlich nicht, sondern verschärft sie. Wir haben ja gesehen, dass alle wichtigen Probleme unseres Lebens und auch ihre Lösung mit dem vierfachen Beziehungsgeflecht zusammenhängen, in dem wir leben.

FRAGE 13

Ist Jesus Friedensstifter oder Störenfried?

Nach allem, was ich im vorigen Kapitel geschrieben habe, muss die Antwort eigentlich lauten: Ja, Jesus ist der Friedensstifter. In der Messias-Verheißung Gottes durch den Propheten Jesaja wird der Messias als der Friede-Fürst bezeichnet (Jesaja 9,5).

Paulus fasst die Wirkung des stellvertretenden Leidens und Sterbens Jesu so zusammen:

> Da wir nun gerecht geworden sind durch den Glauben, haben wir Frieden mit Gott durch unsern Herrn Jesus Christus.
>
> *Römer 5,1*

Paulus schreibt sogar:

> Er ist unser Friede.
>
> *Epheser 2,14*

Jesus ist der Friede in Person, weil er durch sein Sterben am Kreuz auch die Trennung zwischen dem Bundesvolk Israel und den Völkern aufgehoben hat. Allen, Juden und Heiden, gilt die durch Jesus erworbene Versöhnung mit Gott.

Weil Jesus der große Friedensstifter ist, sind auch die Jesus-Bekenner für diese Aufgabe bestimmt. Jesu preist sie glücklich:

> Selig sind, die Frieden stiften; denn sie werden Gottes Kinder heißen.
>
> *Matthäus 5,9*

Es ist auch für Christen nicht selbstverständlich, dass sie diesen Auftrag erfüllen. Darum werden sie immer wieder dazu ermahnt:

> Jagt dem Frieden nach mit jedermann und der Heiligung, ohne die niemand den Herrn sehen wird.
>
> *Hebräer 12,14*

Zum Frieden gehören immer zwei. Darum wird die Ermahnung zum Frieden in der Bibel durchaus realistisch formuliert:

> Ist's möglich, soviel an euch liegt, so habt mit allen Menschen Frieden. Rächt euch nicht selbst, meine Lieben, sondern gebt Raum dem Zorn Gottes; denn es steht geschrieben (5. Mose 32,35): ›Die Rache ist mein; ich will vergelten, spricht der Herr.‹ Vielmehr, ›wenn deinen Feind hungert, gib ihm zu essen; dürstet ihn, gib ihm zu trinken. Wenn du das tust, so wirst du feurige Kohlen auf

sein Haupt sammeln‹ (Sprüche 25,21-22). Lass dich nicht vom Bösen überwinden, sondern überwinde das Böse mit Gutem.

Römer 12,18-21

Das Bild ist so weit klar und eindeutig. Aber da gibt es noch eine andere Seite.

Jesus, der Störenfried

Geradezu verstörend klingen die Worte, die Jesus auch gesagt hat:

Ihr sollt nicht meinen, dass ich gekommen bin, Frieden zu bringen auf die Erde. Ich bin nicht gekommen, Frieden zu bringen, sondern das Schwert. Denn ich bin gekommen, den Menschen zu entzweien mit seinem Vater und die Tochter mit ihrer Mutter und die Schwiegertochter mit ihrer Schwiegermutter. Und des Menschen Feinde werden seine eigenen Hausgenossen sein. Wer Vater oder Mutter mehr liebt als mich, der ist meiner nicht wert; und wer Sohn oder Tochter mehr liebt als mich, der ist meiner nicht wert.

Matthäus 10,34-37

Widerspricht Jesus sich selbst? Stiftet er mit diesen Worten zum Krieg an? Nein. Das Schwert, von dem Jesus hier spricht, sollen nicht seine Jünger gegen andere Menschen gebrauchen. Das Schwert wird von den Gegnern gegen die Jünger von Jesus eingesetzt. Jesus hält es für unvermeidlich, dass die Jesus-Bekenner auf Widerstand stoßen, sogar in der eigenen Familie.

Ist das nicht eine unerträgliche Zumutung? Darf man zulassen, dass der Glaube an Jesus Familien zerstört? Zur Zeit von Jesus waren die Familien überlebenswichtig. Es gab weder Krankenversicherung noch Sozial- und Rentenversicherung. Die Familie war das einzige soziale Netz, in dem ein Mensch in Notzeiten aufgefangen werden konnte. Heute hat sich das geändert. Der Staat gibt den Einzelnen auch ohne Familie eine gewisse soziale Absicherung. Trotzdem werden heute massive Vorwürfe erhoben, wenn junge Menschen aus religiösen Gründen ihren Familien entfremdet werden. Dann spricht man von verführerischen Sekten. Schürt Jesus nicht genau diese Gefahr?

Ja, er hat ungeschönt angekündigt, was seinen Jüngern passieren wird:

> Siehe, ich sende euch wie Schafe mitten unter die Wölfe (Matthäus 10,16).
>
> Und ihr werdet gehasst werden um meines Namens willen von allen Völkern (Matthäus 24,9).

Man wundert sich, dass trotz solcher Ankündigungen Menschen Jesus nachgefolgt sind. Das ist doch abschreckend und nicht einladend, oder? Andererseits beweist es, dass Jesus ein Angebot von solider Qualität macht. Er präsentiert keine Schokoladenseite, um Kunden anzulocken. Er bietet das volle, ewige Leben. Ja, er hat ausdrücklich Leben im Überfluss angeboten (Johannes 10,10). Aber er hat sein Angebot niemandem aufgezwungen. Die Liebe vergewaltigt nicht. Er bittet und ruft zur Entscheidung. Das führt zu Scheidungen. Das macht Jesus in einem seiner zentralen Worte in der Bergpredigt deutlich:

Geht hinein durch die enge Pforte. Denn die Pforte ist weit und der Weg ist breit, der zur Verdammnis führt, und viele sind's, die auf ihm hineingehen. Wie eng ist die Pforte und wie schmal der Weg, der zum Leben führt, und wenige sind's, die ihn finden!

Matthäus 7,13-14

Jesus hat von sich gesagt, dass er die Tür und der Weg ist. Er schafft alles, was zur Rettung und zum ewigen Leben nötig ist. Aber er fordert zur Entscheidung auf. Man kommt nicht ins ewige Leben, wenn man sich im Strom der Mehrheit treiben lässt.

Und so hat es immer zu Scheidungen geführt, wenn Jesus und seine Boten das Evangelium verkündet haben. Tausende sind auf die Verkündigung der Apostel in Jerusalem zum Glauben an Jesus gekommen. Aber sofort gab es auch gewaltsamen Widerstand gegen diese Gemeinde. Saulus, der spätere Apostel Paulus, war ein Anführer der blutigen Verfolgung und gewaltsamen Vertreibung der ersten Jesus-Gemeinde. Wir lesen die dramatische Geschichte in der Apostelgeschichte des Lukas (Kapitel 2–8).

Paulus musste als Bote des Evangeliums von Jesus dann selbst schmerzhaft erleben, dass sich jüdische Gemeinden immer spalteten, wenn er ihnen Jesus als den verheißenen Messias verkündete. Oft wurden Paulus und seine Mitarbeiter gewaltsam vertrieben. Wir lesen in der Apostelgeschichte von den Konflikten in Damaskus, Ikonion (heute die türkische Großstadt Konya), Lystra, Ephesus, Philippi, Thessalonich (heute Saloniki), Beröa (heute Veria), Athen und Korinth.

Überall haben die Boten das Evangelium der Versöhnung und des Friedens verkündet. Was haben sie falsch gemacht, dass es zu Konflikten und Spaltungen kam? Der Ruf, dass sie Unruhestifter waren, lief ihnen schon bald voraus. In Saloniki war Paulus nur etwa vier Wochen. Die Gegner organisierten gewaltsame Demonstrationen gegen ihn. Als sie ihn selbst nicht fanden, schleiften sie seinen Gastgeber Jason durch die Straßen von Saloniki. Die Anklage vor der Stadtregierung klang so:

> Da schleiften sie Jason und einige Brüder vor die Oberen der Stadt und schrien: Diese, die den ganzen Weltkreis erregen, sind jetzt auch hierher gekommen; die beherbergt Jason. Und diese alle handeln gegen des Kaisers Gebote und sagen, ein anderer sei König, nämlich Jesus.
>
> *Apostelgeschichte 17,6-7*

Die Einstellung zu den Christen änderte sich, als im vierten Jahrhundert durch Anordnung des Kaisers das Christentum die Staatsreligion im Römischen Reich wurde. Was vorher vom Kaiserkult erwartet wurde, sollte jetzt das Christentum bewirken, nämlich dem bunten Gemisch von Völkern und Kulturen einen Zusammenhalt geben. Das führte leider auch dazu, dass im Namen des Christentums Zwang und Gewalt ausgeübt wurde.

Zu Beginn des 19. Jahrhunderts begann mit der Säkularisierung die Trennung von Staat und Kirche. In Deutschland wurde sie 1919 mit der Weimarer Verfassung offiziell vollzogen. Seitdem üben die Kirchen keine vom Staat verliehene Macht mehr aus. Um sich weiterhin als gesellschaftlich relevant zu erweisen, bemühen sich vor allem die evangelischen Landeskirchen um den Zusammenhalt der auseinanderdriftenden Gesellschaft. Sie betonen das Verbindende und vermeiden möglichst das Trennende.

Das nennt man seit dem Philosophen Jean-Jacques Rousseau (1712–1778) »Zivilreligion«. Religion soll Kitt für die Gesellschaft liefern, weil jede Gesellschaft aus gegensätzlichen Menschen mit sich widersprechenden Interessen besteht und auseinanderzubrechen droht. Heute erleben wir diese Gefahr wieder besonders stark in den demokratischen Gesellschaften des Westens.

Jeder, der in Frieden und Freiheit leben will, wird diese politische Bemühung um Zusammenhalt als notwendig ansehen und nach Kräften unterstützen. Für uns Christen ergibt sich daraus aber auch ein Konflikt. Jesus ruft zur Umkehr in seine Nachfolge. Christus-Nachfolge beginnt mit der Bekehrung von den Götzen zum lebendigen Gott. Wir haben ja gesehen, wie akut das auch heute unser Verhältnis zu Reichtum und Vermögen betrifft.

Obwohl unsere Zeit vom Individualismus geprägt ist, erleben viele Menschen massiven Druck durch ihr soziales Umfeld, wenn sie sich entscheiden, Jesus zu folgen, die Bibel zu lesen und den Geboten Gottes zu gehorchen. Eigentlich sollte das ja als ihre persönliche Angelegenheit respektiert werden. Wenn sie sich aber öffentlich zur Geltung der Gebote Gottes bekennen, hört die Toleranz schnell auf. Das kann man an den feindseligen Attacken auf Aktionen wie »Marsch für das Leben« sehen, weil diese sich gegen Abtreibung und Euthanasie richten.

Auch beruflich können Christen nach wie vor in Schwierigkeiten geraten, wenn sie Lüge und Betrug im geschäftlichen Alltag ablehnen. Davon können Angestellte und Unternehmer ein trauriges Lied singen. Umso ermutigender sind die Beispiele derer, die fröhlich nach dem biblischen Leitsatz leben »Man muss Gott mehr gehorchen als den Menschen«.

Seit etwa 300 Jahren gab es in der westlichen Welt immer wieder starke Initiativen, das Evangelium von Jesus Christus in öffentlichen Versammlungen auch außerhalb der Kirchen zu verkünden. Das hat meistens den Staatskirchen nicht gefallen und wurde von deren Vertretern oft bekämpft. In diesen Versammlungen wurde ausdrücklich zur Bekehrung und Entscheidung für Jesus Christus aufgerufen. Das war im christlichen Europa nötig, weil die Leute allgemein dachten, dass alle sowieso traditionell Christen seien. Man wurde als Kind getauft – und fertig.

Diese öffentlichen Einladungen und Herausforderungen sind heute nötiger denn je. Aber sie sind in Kirchen und Gesellschaft nicht besonders beliebt. Nun sind die Vorbehalte gegen große Versammlungen aus Angst vor Ansteckung mit dem Coronavirus aktuell noch stärker geworden. Ich schreibe die Zeilen im Sommer 2020. Menschenmengen kommen nur zusammen, wenn viele von der Wichtigkeit ihres Anliegens überzeugt sind wie bei »Black Lives Matter«.

Bei christlichen Gottesdiensten beobachte ich diesen Andrang nicht. Wann wird es wieder große öffentliche Versammlungen – Open Air oder in Sälen – geben, in denen das Evangelium von Jesus Thema ist? Ich bin sehr froh, dass wir die Kommunikationswege über Internet, Fernsehen, Radio, Zeitungen und Bücher haben. Aber wer in den sozialen Netzwerken den Glauben an Jesus bezeugt, erlebt neben Zustimmung auch heftigen Widerspruch. Daran hat sich seit 2000 Jahren nichts geändert. Jesus hat es vorausgesagt.

Es bleibt dabei: Jesus ist der Friede-Fürst. »Gott war in Christus und versöhnte die Welt mit ihm selber.« Der Auferstandene spricht uns auch heute zu: »Friede sei mit euch!«, wie er es am Abend des Auferstehungstages bei seinen Jüngern getan hat.

Das steht nicht im Widerspruch zu den Konflikten, in die Christen wegen ihres Bekenntnisses zu Jesus geraten. Jesus hat am Abend vor seiner Kreuzigung ein bemerkenswertes Wort über die Qualität des Friedens gesagt:

> Frieden lasse ich euch, meinen Frieden gebe ich euch.
> Nicht gebe ich euch, wie die Welt gibt. Euer Herz
> erschrecke nicht und fürchte sich nicht.
>
> *Johannes 14,27*

Und der Apostel Paulus gibt diesen Frieden in einem Brief, den er aus dem Gefängnis schreibt, weiter:

> Und der Friede Gottes, der höher ist als alle Vernunft, wird eure Herzen und Sinne in Christus Jesus bewahren.
>
> *Philipper 4,7*

Was heißt »höher als alle Vernunft«? Wer angesichts unserer Weltsituation eins und eins zusammenzählt, hat jede Menge Gründe zur Angst. Wer mit dem gekreuzigten, auferstandenen und wiederkommenden Herrn Jesus Christus rechnet, lebt in einer stabilen, unzerstörbaren Lebensgemeinschaft mit dem Schöpfer, Erhalter und Vollender der Welt. Darum gilt: Jesus vertrauen – aus gutem Grund!

FRAGE 14

Ist die Bibel Gottes Wort?

Weil ich mich bei der Beantwortung der Fragen bisher dauernd auf die Bibel bezogen habe, ist es jetzt angebracht, die Bibel selbst zum Thema zu machen. Als Kulturgut wird sie allgemein geachtet. Aber haben ihre Aussagen Gültigkeit für unser Leben heute? Wenn ja, warum?[6]

Ich habe als Junge irgendwann einmal den verwegenen Entschluss gefasst, die Bibel ganz durchzulesen. Ich dachte, das könnte nicht schaden. Immer nur Informationen aus zweiter Hand fand ich nicht befriedigend. Ich wollte selbst urteilsfähig werden. Allerdings hatte ich wohl die Befürchtung, das Unternehmen könnte anstrengend werden. Darum legte ich mich ins Bett und begann auf Seite 1 mit der Schöpfungsgeschichte. Im Kapitel 5 des ersten Buches Mose entschlummerte ich sanft im Laufe einer langen Namensliste von Adam bis Noah und seinen Söhnen. Das war's dann auch zunächst mit dem Projekt Bibellesen.

Als ich schließlich herausgefordert wurde, mich mit Jesus auseinanderzusetzen, und mich entschied, ihm zu folgen, fand ich einen neuen Zugang zur Bibel. Ich hatte Jesus kennengelernt. Das heißt, ich hatte so viel von ihm erfahren, dass ich Grund genug sah, ihm zu vertrauen und zu folgen. Aber jetzt wollte ich mehr. Ich musste wissen, wie das Leben unter seiner Regie aussah.

Damit war auch klar, wo in der Bibel ich anfangen musste zu lesen. In den vier Evangelien Matthäus, Markus, Lukas und Johannes wird berichtet, wie Jesus geboren wurde, wie sein öffentliches Wirken begann und verlief, was er getan und gesagt hat, wie die Leute auf ihn reagiert haben und mit ihm umgegangen sind. Der Höhepunkt der Evangelien sind die Berichte über den Nacht-und-Nebel-Prozess gegen Jesus, seine Kreuzigung, seine Auferstehung und die Begegnungen des auferstandenen Jesus mit seinen Schülern.

Durch diese Berichte lernen wir Jesus besser kennen und werden dazu aufgefordert, ihm noch mehr und ganz praktisch zu vertrauen. Jesus erwartet keinen blinden Glauben. Er lädt zu einem informierten, begründeten Vertrauen ein. Deshalb ist es so wichtig, als Christ regelmäßig in der Bibel zu lesen.

Eine kurze Inhaltsübersicht

Die 27 Schriften des Neuen Testamentes sind ganz einfach gegliedert. Die Evangelien nach Matthäus, Markus, Lukas und Johannes berichten über Leben, Worte, Sterben und Auferweckung Jesu. Die Apostelgeschichte des Lukas zeigt uns die Entstehung der ersten Gemeinden und die Missionsreisen des Apostels Paulus. Die Briefe des Paulus, Petrus, Johannes, Jakobus, Judas und der Brief an die Hebräer dienen dem Aufbau, der Ermutigung und Korrektur der entstandenen Gemeinden. Zum Abschluss des Neuen Testamentes berichtet der Apostel Johannes über die Zukunftsperspektiven für die Geschichte der Gemeinde und der Welt. Der Geist Gottes schenkt Johannes dazu Einblicke in zukünftiges Geschehen und Gottes Plan. Der Zweck dieser Schrift ist ein seelsorgerlicher, nämlich die Ermutigung der verfolgten Gemeinden.

Das Alte Testament umfasst die Geschichte Gottes mit der Welt von der Erschaffung der Welt bis in die Geschichte Israels hinein, die auf das Kommen des Messias Jesus zielt. Man unterscheidet im Alten Testament die 19 Geschichtsbücher, die 5 Lehrbücher und Psalmen sowie die 17 Prophetenbücher.

In den Geschichtsbüchern berichtet das erste Buch Mose über die Schöpfung, die Rebellion des Menschen gegen Gott und die Folgen, Gottes Neubeginn durch den Bund mit Noah und den Bund mit Abraham, Isaak und Jakob. Mit Abraham gründet Gott sein Bundesvolk Israel, durch das er die gesamte Menschheit segnen will. Die zwölf Söhne Jakobs sind die Väter der zwölf Stämme Israels. Im zweiten bis fünften Buch Mose wird über die Befreiung aus der Sklaverei in Ägypten unter Leitung des Mose, über die 40-jährige Wüstenwanderung des Volkes Israel berichtet. Hier finden wir auch die Gebote, die Gott dem Volk Israel gibt.

Die Einnahme des von Gott versprochenen Landes geschieht unter der Führung des Nachfolgers des Mose, Josua, nach dem das Buch Josua benannt ist. Im Buch der Richter und im Buch Ruth lesen wir über die Zeit nach der Einnahme des Landes und vor der Gründung des Königtums unter Saul und David. Gott berief und bevollmächtigte Leiter für Israel, die das Volk vor allem in Notzeiten führten. Mit den beiden Büchern Samuel beginnt dann die sehr bewegte Geschichte des Königtums in Israel. In den beiden Königsbüchern und den beiden Büchern der Chronik verfolgen wir die Entwicklung des Königtums von David und Salomo über Gesamtisrael. Die Chronikbücher sind eine Wiederholung der Königsbücher unter leicht veränderter Akzentsetzung.

Nach dem Tode Salomos spaltet sich das Volk. Zwei Stämme im Süden stehen weiter unter der Regierung der Nachfolger Davids. Juda ist der Name dieses Südreiches. Zehn Stämme im Norden werden von wechselnden Königen von wechselnden Orten aus regiert. Dieses Königtum führt den Namen Israel und existiert bis zum Jahr 722 v. Chr. Dann wird es von den Assyrern besiegt. Das Südreich mit der Hauptstadt Jerusalem wird im Jahr 587 v. Chr. von den Neubabyloniern erobert. Jerusalem wird zerstört. Der größte Teil der Bevölkerung wird nach Babylon, dem heutigen Irak, in die Gefangenschaft geführt. Durch einen Erlass des Perserkönigs Kyros im Jahr 538 v. Chr. kehren viele Gefangene bzw. ihre Nachkommen wieder zurück. Die Bücher Esra, Nehemia und Esther berichten über Erfahrungen in der Gefangenschaft, die Rückkehr und den Wiederaufbau der Stadt Jerusalem und des Tempels.

Das Buch Hiob, die Psalmen, die Sprüche Salomos, der Prediger Salomo und das Hohelied Salomos enthalten neben Gebeten Weisheitstexte, die sehr praktische Ratschläge und Ermahnungen für das alltägliche Leben geben.

Die Propheten sind zu unterschiedlichen Zeiten in der Geschichte Israels aufgetreten. Zum Teil finden wir die Zeitangaben in ihren Schriften, zum Teil muss man sie aus dem Inhalt der Texte erschließen.[7]

Spannender als jeder Krimi

Allerdings reicht es nicht, einen Haufen Wissen im Kopf zu haben. Am Schluss seiner Bergpredigt hat Jesus ausdrücklich gesagt, wie wir seine Worte wirklich verstehen können:

> Darum, wer diese meine Rede hört und tut sie, der gleicht einem klugen Mann, der sein Haus auf Fels baute. Als nun ein Platzregen fiel und die Wasser kamen und die Winde wehten und stießen an das Haus, fiel es doch nicht ein; denn es war auf Fels gegründet. Und wer diese meine Rede hört und tut sie nicht, der gleicht einem törichten Mann, der sein Haus auf Sand baute. Als nun ein Platzregen fiel und die Wasser kamen und die Winde wehten und stießen

an das Haus, da fiel es ein und sein Fall war groß.
Und es begab sich, als Jesus diese Rede vollendet hatte,
dass sich das Volk entsetzte über seine Lehre; denn er lehrte sie mit Vollmacht und nicht wie ihre Schriftgelehrten.

Matthäus 7,24-29

Warum erschraken die Zuhörer? Weil Jesus rhetorisch so besonders interessant und aufregend war? Nein, seine Worte hatten Schöpferkraft. Sie erschufen, was sie sagten. Sie drängten die Hörer zum Handeln. Jesus bezeichnet es ausdrücklich als Dummheit, wenn wir seine Worte hören oder lesen, aber nicht tun. Man kann viel diskutieren und Gedankengebäude errichten. Das sind aber alles Luftschlösser, Gedankengebäude, die beim nächsten Alltagsunwetter zusammenstürzen und weggeschwemmt werden.

Hören und tun! Also im praktischen Leben anwenden. Dann wird es spannend. Spannender als jeder Krimi. Beim Krimi weiß man ja, dass am Ende der Mörder gefunden wird und alles gut ausgeht. Wenn ich aber meine Feinde liebe, weiß ich nicht, wie sie reagieren. Wenn ich in verzwickten Lagen die Wahrheit sage, weiß ich nicht, wie das ausgeht. Es wird auf jeden Fall spannend.

Ein bekannter deutscher Politiker geriet wegen abgeschriebener Teile seiner Doktorarbeit in die Kritik und sah sich schließlich gezwungen, zurückzutreten. Das erinnerte mich an die vergleichsweise harmlosen Konflikte, die ich am Anfang meines Weges mit Jesus durchstehen musste. Ich war genauso pfiffig wie viele meiner Mitschüler und schrieb bei Klassenarbeiten in der Schule kräftig ab, wenn sich dazu die Gelegenheit bot. Das machten wir alle so. Aber die Beschäftigung mit Jesus hatte mein Gewissen empfindsam gemacht. Ich wusste, ich konnte nicht die Wahrheit über Gott erkennen wollen und zugleich als Betrüger leben. Ich befürchtete allerdings zu Recht viel rote Lehrertinte auf meinen Arbeiten, wenn ich sie ohne Betrug schreiben wollte. Es war ein heftiger innerer Kampf für einen 14-Jährigen.

Ich habe mich dann schließlich dazu durchgerungen zu sagen: »Jesus, ich vertraue deinem Wort. Ich will die frische Luft der Ehrlichkeit atmen. Hilf mir! Ich weiß nicht, ob das gut gehen kann.« Nun, zuerst sahen meine Klassenarbeiten ziemlich rot aus, wenn ich sie zurückbekam. Es dauerte einige Zeit, bis ich so weit nachgearbeitet hatte, dass sie mit eigenständiger Arbeit brauchbar wurden. Zeitweise schien es, dass ich nicht erfolgreich sein würde. Aber unmittelbar nach meiner Entscheidung überkam mich eine ganz starke Gewissheit: Jesus lebt; sein Wort ist wahr; auf ihn ist Verlass.

Vielleicht ist das im Blick auf das Bibellesen am wichtigsten: praktisch anwenden, was wir verstanden haben. Ganzheitlich leben, nennt man das heutzutage. Keine Spaltung mehr zwischen den Gedanken im Kopf und dem praktischen Leben zulassen!

Viele behaupten, die Bibel sei nicht zu verstehen. Ich behaupte: Wir verstehen mehr, als wir tatsächlich umsetzen wollen. Da liegt unser Problem. Wenn ich mit einer Taschenlampe in einen stockdunklen Wald gehe, wird ein Stück Weg vor mir erleuchtet. Wenn ich im Licht der Lampe dieses Stück des Weges gehe, erleuchtet die Lampe ein weiteres Stück. So kommt man auch in der Bibel und mit der Bibel im Leben vorwärts: Wenn ich das, was ich verstehe, umsetze, wird sich mir Weiteres erschließen.

Die Bibel ist ein Buch für das praktische Leben. Mit Verlaub, die Bibel hat mehr mit einem Telefonbuch, Kochbuch oder einer Straßenkarte zu tun als mit einem Lehrbuch für Philosophie. Ein Telefonbuch liest man nicht zur Unterhaltung. Man will Telefonnummern finden, um sie dann zu wählen und die gewünschte Verbindung herzustellen.

Ich werde nie vergessen, wie ich eines Morgens unsere Wohnung verlassen wollte, um zu einer Konferenz zu fahren. Ich verabschiedete mich von meiner Frau und merkte plötzlich, dass sie im Gesicht total bleich wurde und zusammenklappte. Ich legte sie auf die Couch und rannte zum Telefon. Im Telefonbuch suchte ich die Nummer des Arztes und wählte sie. Der Arzt schickte sofort den Rettungswagen. Innerhalb von 45 Minuten war meine Frau auf dem Operationstisch. Es war eine lebensrettende Operation. In der Situation brauchte ich keine Erbauungsliteratur, auch keinen Roman zur Unterhaltung. Ich brauchte ein Buch, in dem ich die lebensrettende Verbindung fand, die Rufnummer des Arztes. Die habe ich gewählt, und die Rettung kam.

So ist das mit der Bibel. Sie zeigt uns die lebensrettende Verbindung zu Jesus. Wenn wir sie in Anspruch nehmen, werden wir durch ihn gerettet. Nur lesen reicht nicht. Wir müssen anwenden, was wir lesen.

Der Vergleich mit einem Kochbuch ist vielleicht zu platt. Trotzdem, vielleicht hilft er. Vom Lesen eines Rezeptes wird niemand satt. Erst wenn wir eine Mahlzeit danach kochen und essen, werden wir ernährt. Schon klar, die Bibel bietet keine Kochrezepte. Aber nur wenn wir anwenden, was die Bibel uns sagt, werden wir erfahren, dass Jesus das Brot des Lebens ist und das Wasser des Lebens gibt. Lesen, hören und tun – das ist es.

Manche sind auch im Zeitalter der Navigationsgeräte noch in der Lage, eine Straßenkarte zu studieren. Das ist nützlich, bevor man eine Reise antritt. Man kann mit dem Finger auf der Karte die Straßen und Abzweigungen verfolgen, die zu dem gewünschten Ziel führen. Allerdings kommt man auch durch noch so intensives Kartenstudium nicht ans Ziel. Man muss ins Auto steigen und die Straßen fahren. Dann erst erfährt man – im wörtlichen Sinne –, ob die Straßenkarte stimmt. Nur durch Anwenden kommt man zum Ziel.

Bibellesen ohne Anwendung auf das praktische Leben ist wie das Lesen eines Telefonbuchs, ohne die Nummer zu wählen, das Durchblättern eines Kochbuchs, ohne zu kochen, und das Studium einer Straßenkarte, ohne Auto zu fahren. Vielleicht unterhaltsam oder sogar lehrreich, aber es bringt uns nicht zum Ziel.

Kleine Portionen regelmäßig

Es ist ratsam, regelmäßig kleine Abschnitte in den Evangelien zu lesen. Bitten Sie Gott, dass er durch das Wort der Bibel zu Ihnen persönlich redet. Lesen Sie einen Abschnitt langsam und mehrmals. Stellen Sie Fragen, die Sie anhand des Textes zu beantworten versuchen:

Was habe ich verstanden?

Was habe ich neu erkannt?

Wofür kann ich Gott danken?

Will er durch dieses Wort etwas an meinem Denken und Verhalten korrigieren?

Wofür muss ich um Vergebung bitten?

Hat mir Gott durch dieses Wort eine Wegweisung gegeben?

Machen Sie aus Ihren Gedanken Gebete. Vielleicht notieren Sie das, was Ihnen beim Lesen und Beten wichtig geworden ist. Das wird Ihnen helfen, später zu überprüfen, was eigentlich daraus geworden ist. Bei den vielen Eindrücken, die auf uns einstürzen, vergessen wir leicht, was Gott uns gesagt hat.

Ich habe die Angewohnheit, dass ich einzelne Sätze oder Wörter in meiner Bibel unterstreiche, wenn mir etwas wichtig geworden ist. Das ist nur eine Möglichkeit – jeder kann seine Methode entwickeln.

Unsere Beziehung zu Gott lebt vom Gespräch wie jede Beziehung zwischen Personen. Das Gespräch hat immer zwei Richtungen. Wenn nur einer redet, wird das Gespräch bald zu Ende sein. Im Gebet reden wir zu Gott. Durch die Bibel redet Gott zu uns. Sicher, er hat auch andere Möglichkeiten. Er kann durch Ereignisse, durch andere Menschen, durch Gedanken und Gefühle zu uns sprechen. Gott hat als der Schöpfer alle Mittel seiner Schöpfung zur Verfügung.

Aber woran erkenne ich, ob ein Gedanke oder ein Gefühl von Gott ist oder nicht? Was ist der Maßstab für die Beurteilung von Ereignissen oder Worten, die mir Menschen sagen? Dass sie eindrücklich sind, muss nicht heißen, dass sie von Gott kommen. Es gibt menschliche Mächte, ja, auch teuflische, die sehr imponierend sind. Die Bibel ist die Urkunde und das Dokument der Offenbarung Gottes. Hier hat er uns sein Wort schwarz auf weiß gegeben. Sie gibt uns die Maßstäbe, mit denen wir alle anderen Stimmen beurteilen können.

Es ist unerhört wichtig, dass Jesus-Nachfolger die Bibel lesen. Das ist der einzige Weg, um urteilsfähig zu werden. In einer turbulenten und unübersichtlichen Zeit und Weltlage wie heute ist eine solide Urteilskraft überlebensnotwendig. Trends, Strömungen reißen uns mit. Menschen faszinieren und verführen uns. Wer sich von seinen Gefühlen abhängig macht, wird Treibholz in der Strömung der Modemeinungen.

Ich rate also dringend, die gute Gewohnheit einer täglichen Stillen Zeit mit Bibel und Gebet einzuüben. Ja, es geht ums Einüben. Wie bei jedem Training fallen die Übungen am Anfang schwer. Je regelmäßiger wir üben, desto leichter geht es. Alles, was zum Leben notwendig ist, tun wir regelmäßig und in kleinen Portionen oder Schritten. Überflüssigen Luxus genießen wir selten und ausnahmsweise, je nach Möglichkeit und nach Lust und Laune.

Nachdem ich das Bibellesen in kleinen Abschnitten empfohlen habe, will ich aber auch darauf hinweisen, dass wir manchmal größere Zusammenhänge lesen und erfassen sollten. Die 16 Kapitel des Markusevangeliums kann man gut in etwa drei Stunden lesen. Dabei sollte man nicht an einzelnen Sätzen hängen bleiben. Wenn man die Bibel am Stück liest, erfasst man größere Sinnzusammenhänge besser. Das ist auch hilfreich.

Natürlich ist es praktisch, dass in späterer Zeit die biblischen Bücher in Kapitel und die Kapitel wieder in Verse eingeteilt und nummeriert wurden. Dadurch finden wir uns leichter in dem umfangreichen Buch zurecht. Aber die Texte sind ursprünglich nicht so zerstückelt geschrieben worden. Manchmal zerreißen die Kapitelgrenzen Sinnzusammenhänge. Darum ist es gut, hin und wieder größere Zusammenhänge in der Bibel zu lesen.

Jetzt aber geht es um eine grundlegende Frage, die wir klären müssen:

Ist die Bibel glaubwürdig?

Die Bibel ist eigentlich eine Bücherei. Insgesamt besteht sie aus 66 Schriften, 39 im Alten Testament, 27 im Neuen Testament. Die Bücher des Alten Testamentes sind über viele Jahrhunderte entstanden. Die des Neuen Testamentes im ersten Jahrhundert nach Christus. Sie sind mit der Hand auf Rollen oder in Kodices (Bücher) aus Papyrus oder Pergament geschrieben worden.

Bevor die Texte aufgeschrieben wurden, sind sie jedoch zum Teil über Jahre mündlich überliefert worden. Das erregt bei uns Zweifel an der Verlässlichkeit, weil wir vergessliche Menschen sind und uns nicht vorstellen können, dass mündliche Überlieferungen zuverlässig sein können. Tatsächlich ist das aber so. Man kann das heute noch in Kulturen studieren, wo Menschen nicht schreiben. Sie haben eine erstaunliche Gedächtnisstärke und sehr wirksame Erinnerungstechniken entwickelt.

Wenn die Menschen jedoch ihr Gedächtnis entlasten können, indem sie alles aufschreiben, verlieren sie an Gedächtniskraft. Ich muss heute nicht alles wissen. Ich muss nur wissen, wo ich es finden kann. Früher hatte man dazu Bücher, inzwischen haben wir das

Wissen ins Internet ausgelagert. Wir googeln uns zusammen, was wir nicht im Kopf haben.

Was die Bibel angeht, sind wir in der glücklichen Lage, dass wir Tausende von alten Handschriften haben: die ganze Bibel, einzelne biblische Bücher oder auch größere und kleine Teile (Fragmente).

Vom Neuen Testament gibt es mehr als 5700 vollständige oder bruchstückhafte griechische Handschriften. In lateinischer Sprache liegen uns etwa 10 000 Handschriften vor. Weitere 9300 Handschriften existieren in anderen alten Sprachen wie Syrisch, Äthiopisch, Koptisch, Armenisch, Slawisch und Gotisch. Von keinem anderen historischen Werk gibt es auch nur annähernd so viele Handschriften zum Vergleich: Vom Text von Julius Caesars *De bello gallico* (»Der gallische Krieg«) existieren nur zehn Kopien und die älteste wurde tausend Jahre nach der Abfassung des Originals angefertigt.

Bis zur Erfindung des Buchdrucks durch Gutenberg im 15. Jahrhundert war man auf die Schreiber angewiesen, die in mühevoller Arbeit oft kunstvolle Ausgaben von Bibeln und Bibelteilen erstellten. Die dabei angewandte Sorgfalt ist für uns heute, die wir alles schnell und darum oft flüchtig machen, sehr beeindruckend.

Das Alte Testament ist ursprünglich in hebräischer Sprache, einige Texte in aramäischer Sprache geschrieben worden. Lange Zeit stammten die ältesten hebräischen Handschriften des Alten Testamentes aus dem 10. und 11. Jahrhundert nach Christus: der Kodex von Aleppo (ca. 920 n. Chr.) und der Kodex Leningradensis (1008 n. Chr.). Handschriften der griechischen Übersetzung des Alten Testamentes gibt es bereits aus dem 4. Jahrhundert nach Christus, den Kodex Sinaiticus und den Kodex Vaticanus. Beide enthalten das Alte und Neue Testament.

Im Jahr 1947 entdeckte ein Beduine zufällig in einer Höhle am Toten Meer Tonkrüge, in denen sich Schriftrollen mit hebräischen

Texten befanden. Inzwischen haben die Forscher herausgefunden, dass diese Rollen zu der jüdischen Klostersiedlung Qumran gehörten, in der die Gruppe der Essener lebte. Man fand insgesamt etwa 800 Manuskripte, von denen 220 Texte des Alten Testamentes enthalten. Der sensationellste Fund war eine Rolle mit dem Text des Propheten Jesaja, die in der Zeit um 100 v. Chr. entstanden sein muss. Der Vergleich mit den Texten, die man bis dahin kannte, zeigte inhaltlich eine völlige Übereinstimmung. Damit war der Beweis für eine Zuverlässigkeit der Textüberlieferung erbracht, wie man sie sich vorher kaum vorstellen konnte.

Das Neue Testament ist ursprünglich in griechischer Sprache geschrieben worden. Das mag verwundern. Hat Jesus nicht Hebräisch bzw. Aramäisch gesprochen? Ja, das stimmt, und die Apostel sprachen ebenfalls Hebräisch als Muttersprache. Aber die Weltsprache im Römischen Reich war damals, im 1. Jahrhundert nach Christus, Griechisch. Die Verbreitung des Evangeliums in der damals bekannten Welt konnte deshalb nur über die griechische Sprache erfolgen. Forscher erkennen bei den griechischen Texten der Apostel nicht selten, dass hier einer spricht oder schreibt, der Hebräisch als Muttersprache hat. So wie man viele Deutsche sofort an ihrem Satzbau und an der Aussprache erkennt, wenn sie Englisch sprechen.

Die ältesten Handschriften mit Teilen des Neuen Testamentes stammen aus dem 2. Jahrhundert nach Christus. Zum Beispiel der Papyrus Nr. 52 mit Sätzen aus Johannes 18 und der Papyrus Nr. 64 mit Stücken aus Matthäus 26.

Wenn Sie etwas Griechisch lernen, sind sie in der Lage, im griechischen Neuen Testament die Zuverlässigkeit der Textüberlieferung mit eigenen Augen zu überprüfen. Unter dem Bibeltext ist ein Strich. Darunter sind mit Zahlen und Abkürzungen jeweils alle bekannten Abweichungen in den vielen Handschriften notiert. Die Abweichungen sind nur sehr selten von größerer Bedeutung. Die Forscher haben ein sorgfältiges System entwickelt, wie man die verschiedenen Handschriften vergleicht und bewertet. Alte Handschriften haben meist Vorrang vor jüngeren. Vor allem aber gibt man den schwieriger zu verstehenden Lesarten den Vorzug vor den leichter zu verstehenden. Es wird vermutet, dass ein Abschreiber vielleicht einen Text, den er nicht verstand, verständlicher machen wollte. Aber es ist weniger wahrscheinlich, dass jemand einen gut verständlichen Text in eine Form brachte, die schwerer verständlich war. Die Textforschung hat bis auf ganz wenige Ausnahmen einen sehr zuverlässigen Bibeltext in den Ursprachen erarbeitet.

So viel zur äußeren Form der Bibel und ihrer Zuverlässigkeit. Wer also behauptet, die Bibel sei uralt und schon deshalb wahrscheinlich fehlerhaft überliefert, der hat sich einfach mit den Materialen, Texten und Tatsachen nicht beschäftigt.

Warum ist die Bibel entstanden?

Die Bibel besteht aus Geschichtsbüchern, Gebeten und Liedern (Psalmen), Botschaften von Propheten, Sammlungen von Weisheitssprüchen, Berichten über die Worte und das Wirken Jesu, über die Ausbreitung des Evangeliums in der damals bekannten Welt und die Entstehung der ersten christlichen Gemeinden, Briefe an diese Gemeinden und die Offenbarung des Johannes, die Perspektiven über die Zukunft der Welt eröffnet. Also ganz unterschiedliche Schriften, die zu unterschiedlichen Zeiten geschrieben wurden. Von manchen kennen wir die Verfasser, von manchen nicht.

Es gibt eine sehr umfangreiche Forschung über die biblischen Texte und ihre Entstehung. Und wie das in Forschungsprozessen nicht anders sein kann, gibt es viele Vermutungen, Theorien, die behauptet und bestritten, widerlegt und verteidigt werden.

Ich will zunächst den Fragen nachgehen: Was sagt die Bibel selbst über ihre Entstehung? Und weshalb haben wir überhaupt diese Schriften? Danach fragen wir, worin eigentlich die Autorität der Bibel begründet liegt.

Wir finden beim Propheten Jeremia einen Bericht, der uns zeigt, warum Gott uns sein Wort schriftlich gibt. Nein, es ist nicht für die Archive und Bibliotheken und Bücherschränke gedacht. Es ist ein Ausdruck der leidenschaftlichen Liebe Gottes, der es den Menschen schwarz auf weiß geben will, damit sie endlich begreifen, wie ernst er es mit ihnen meint.

Im Jahr 605 v. Chr. herrschte in Jerusalem seit vier Jahren der König Jojakim. Obwohl er einen vorbildlichen Vater hatte, war Jojakim ein ziemlich schräger Vogel. In Jeremia 36,1-7 steht:

> Im vierten Jahr Jojakims, des Sohnes Josias, des Königs von Juda, geschah dies Wort zu Jeremia vom HERRN: Nimm eine Schriftrolle und schreibe darauf alle Worte, die ich zu dir geredet habe über Israel, über Juda und alle Völker von der Zeit an, da ich zu dir geredet habe, nämlich von der Zeit Josias an bis auf diesen Tag. Vielleicht wird das Haus Juda, wenn sie hören von all dem Unheil, das ich ihnen zu tun gedenke, sich bekehren, ein jeder von seinem bösen Wege, damit ich ihnen ihre Schuld und Sünde vergeben kann. Da rief Jeremia Baruch, den Sohn Nerijas. Und Baruch schrieb auf eine Schriftrolle alle Worte des HERRN, die er zu Jeremia geredet hatte, wie Jeremia sie ihm sagte. Und Jeremia gebot Baruch und sprach: Mir ist's verwehrt, ich kann nicht in des HERRN Haus gehen. Du aber geh hin und lies die Schriftrolle, auf die du des HERRN Worte, wie ich sie dir gesagt habe, geschrieben hast, dem Volk vor im Hause des HERRN am Fasttage, und du sollst sie auch lesen vor den Ohren aller Judäer, die aus ihren Städten hereinkommen. Vielleicht werden sie sich mit Beten vor dem HERRN

demütigen und sich bekehren, ein jeder von seinem bösen Wege; denn der Zorn und Grimm ist groß, den der HERR diesem Volk angedroht hat.

Die Geschichte verläuft dramatisch. Baruch liest dem Volk im Tempel öffentlich aus der Schriftrolle vor. Der Sohn eines einflussreichen Politikers ist unter den Zuhörern. Er berichtet seinem Vater davon, der mit anderen führenden Leuten der Regierung zusammensitzt. Sie lassen Baruch mitsamt der Schriftrolle holen und hören nun selbst, was Jeremia hat aufschreiben lassen. Sie erschrecken und informieren den König Jojakim. Der sitzt in seinem Wintergarten und wärmt sich an einem Holzkohlebecken. Auch er lässt sich vorlesen, was Gott ihm und dem Volk durch Jeremia sagt. Immer wenn eine Spalte auf der Rolle gelesen ist, schneidet der König mit einem Messer das Stück von der Schriftrolle ab und wirft es ins Kohlebecken. Wie gelähmt stehen die Minister dabei. Keiner wagt, Einspruch zu erheben.

So kann man mit Gottes Wort umgehen!

Lässt Gott das zu? Ja. Aber zwei Dinge dürfen wir nicht übersehen. Erstens: »Irret euch nicht! Gott lässt sich nicht spotten« (Galater 6,7). Jojakim wird Gottes Gericht erleben müssen. Zweitens: Gottes Wort lässt sich nicht vernichten. Gott beauftragt Jeremia, alles noch einmal aufzuschreiben, »und es wurden zu ihnen noch viele ähnliche Worte hinzugetan« (Jeremia 36,32). Wir können das Ergebnis bis heute im Buch des Propheten Jeremia in der Bibel nachlesen.

Also, warum lässt Gott sein Wort aufschreiben? Wenn wir jemandem etwas schwarz auf weiß geben, dann ist das wie eine Urkunde. Gott möchte, dass wir es ganz genau wissen. Wir sollen begreifen, dass das Geschriebene gilt. Er möchte uns bewegen, dass wir umkehren und ihm folgen.

Die ganze Bibel ist ein leidenschaftliches Plädoyer der Liebe Gottes. Er will, dass wir Menschen endlich begreifen, dass wir nur in der Gemeinschaft mit dem Schöpfer ein gelingendes Leben haben können. Man kann die Bibel vergessen, verachten und verstauben lassen. Aber sie ist trotzdem Gottes leidenschaftlicher Liebesbrief, mit dem er unsere Herzen erreichen möchte.

Ein Redakteur namens Dr. Lukas

Der Arzt Lukas, den wir auch als Begleiter des Apostels Paulus auf dessen Missionsreisen kennen, verfasste das nach ihm benannte Evangelium und die Apostelgeschichte. Beide Schriften haben kurze Einleitungen, die erstaunlich persönlich sind. Am Anfang des Lukasevangeliums (1,1-4) lesen wir:

> Da es nun schon viele unternommen haben, Bericht zu geben von den Geschichten, die sich unter uns erfüllt haben, wie uns das überliefert haben, die es von Anfang an selbst gesehen haben und Diener des Wortes gewesen sind, habe auch ich's für gut gehalten, nachdem ich alles von Anfang an sorgfältig erkundet habe, es für dich, hochgeehrter Theophilus, in guter Ordnung aufzuschreiben, auf dass du den sicheren Grund der Lehre erfährst, in der du unterrichtet bist.

Lukas gibt uns einen Einblick in die Entstehungsgeschichte seines Evangeliums. Die Augenzeugen des Wirkens Jesu haben mündlich berichtet. Sie waren die wichtigste Informationsquelle für Tausende, die nach seinem Tod und seiner Auferstehung vom Evangelium hörten und sich zu Jesus bekehrten. Die Apostel und andere mussten immer wieder über seine Worte und Taten berichten. Es bildeten sich feste mündliche Traditionen.

Schließlich sind offensichtlich auch kleine schriftliche Sammlungen entstanden. Wir finden in Matthäus 13 und in Markus 4 zum Beispiel eine ziemlich ähnliche Zusammenstellung von Gleichnissen, die Jesus erzählt hat. Vielleicht hat es diese Sammlung schon schriftlich gegeben, bevor sie in die Evangelien eingefügt wurde. Das ist nur eine mögliche Vermutung. Wir wissen durch Lukas aber, dass es so etwas gegeben hat. Er hat wie ein Zeitungsredakteur gearbeitet: Berichte gesammelt und sortiert, sie sinnvoll zusammengefügt und Übergänge geschrieben.

So also lässt Gott seine Botschaft an uns entstehen. Wir sehen, wie Menschen als Mitarbeiter gebraucht werden. Lukas nennt auch den Zweck seiner Arbeit. Er will, dass Theophilus – der Name bedeutet »Gottesfreund« – das sichere Fundament der Lehre über den Glauben an Jesus kennenlernt. Das Evangelium liefert die Begründung für diesen Glauben. Theophilus soll lesen und wissen: Darum kann ich mich auf Jesus verlassen.

Alle Schriften des Neuen Testamentes haben denselben Zweck. Sie wollen den Glauben an Jesus begründen und stärken. Deshalb berichtet Lukas über die beginnende Geschichte der Weltmission. Deshalb schreiben Paulus, Petrus, Johannes, Jakobus und Judas Briefe an die jungen Gemeinden. Deshalb gibt Jesus schließlich dem Apostel Johannes die Schau in Gottes Wirklichkeit und in die Zukunft der Welt bis zum Weltgericht und zur Schaffung des neuen Himmels und der neuen Erde. Dieses letzte Buch der Bibel, die Offenbarung, ist besonders als Ermutigung für bedrängte und verfolgte Christen gedacht. Es ist auch heute äußerst aktuell für Tausende Christen in vielen Teilen der Welt.

Menschenwort und Gotteswort?

Es ist ganz offensichtlich, dass die Schriften der Bibel von Menschen verfasst wurden. Wieso sagen wir dann, dass die Bibel Gottes Wort ist?

Paulus schreibt an seinen Mitarbeiter Timotheus:

> Denn alle Schrift, von Gott eingegeben, ist nütze zur Lehre, zur Zurechtweisung, zur Besserung, zur Erziehung in der Gerechtigkeit, dass der Mensch Gottes vollkommen sei, zu allem guten Werk geschickt.
>
> *2. Timotheus 3,16-17*

Die Bibel ist also von Gottes Geist inspiriert. Inspiration ist ein Fremdwort, das aus dem Lateinischen kommt und wörtlich »Beatmung« heißt. Paulus benutzt ein griechisches Wort, *theopneustos.* Das bedeutet ebenfalls »von Gott beatmet«, »mit Gottes Atem bzw. Geist erfüllt«. Gott selbst ist also bei der Entstehung aktiv gewesen. Wie? Das wissen wir nicht. Gott wirkt auf sehr verschiedene Weise – durch Geschichtsschreiber, durch Beter, durch Propheten, durch Liederdichter, durch Briefschreiber, durch Redakteure wie Lukas. Es ist nicht unsere Sache, Gott vorzuschreiben, wie er zu arbeiten hat. Wir dürfen dankbar hören, was er uns sagt – auf welche Weise auch immer.

So wie Gott seine bekannten und unbekannten Boten und Werkzeuge gebraucht hat, um seinem Volk Israel sein Wort zu sagen und es aufschreiben zu lassen, so hat er Apostel und Apostelschüler, die Augenzeugen des irdischen Wirkens Jesu, seines Leidens und Sterbens und die Augenzeugen des Auferstandenen gebraucht, um uns die grundlegende und rettende Botschaft in Gestalt des Neuen Testamentes zu geben. Das ist die dokumentarische Urkunde, auf die wir uns berufen können und ohne die wir nichts von Gottes Rettung der Welt durch Jesus wüssten.

Die Apostel und die Apostelschüler sind allein durch Jesus und die Vergebung der Sünden gerettet worden. Sie stehen damit auf der Seite der Glaubenden wie wir. Aber Jesus hat sie auch auf die Seite der Offenbarung Gottes gezogen. Sie bezeugen urkundlich, was in Jesus geschah. Ihre Berichte sind der kritische Maßstab, nach dem man verfälschte, irreführende Botschaften erkennen und abwehren kann. Solche falschen Evangelien gab es bald in den ersten Jahrhunderten. Den einen war Jesus zu menschlich geschildert. Darum erfanden sie fantastische Legenden, die ihn göttlicher darstellen sollten. Den anderen war er zu sehr Gott. Darum sortierten sie die Berichte über Wunder aus, die ihnen nicht passten. Dann gab es Leute, die fanden das Alte Testament furchtbar und behaupteten, darin wäre nicht vom Gott der Liebe die Rede.

Solche Auseinandersetzungen kommen uns auch heute bekannt vor. In den ersten 200, 300 Jahren gab es in der Kirche ein ernstes Ringen um die Wahrheit des Evangeliums. Das Bekenntnis der Kirche zur Bibel war ein Gehorsamsakt der Kirche gegenüber dem Wort Gottes gegen die aufkommenden Verfälschungen. Die Schriften des Alten Testamentes waren im Volk Israel als Gottes Offenbarung anerkannt. Jesus hat die Schriften des Alten Testamentes als gültiges Wort Gottes anerkannt. Die Apostel sprachen und schrieben als Augen- und Ohrenzeugen des irdischen Jesus, des Gekreuzigten und Auferstandenen.

Paulus schreibt ausdrücklich, dass er seine Botschaft von Jesus selbst empfangen hat:

Denn ich tue euch kund, Brüder und Schwestern, dass das Evangelium, das von mir gepredigt ist, nicht von menschlicher Art ist. Denn ich habe es nicht von einem Menschen empfangen oder gelernt, sondern durch eine Offenbarung Jesu Christi.

Galater 1,11-12

Petrus bezieht sich auf die Verklärung Jesu, die er zusammen mit Johannes und Jakobus auf einem Berg erlebt hat (Matthäus 17,1-11), und erklärt, dass die Botschaft der Apostel keine eigene Erfindung ist:

Denn wir sind nicht ausgeklügelten Fabeln gefolgt, als wir euch kundgetan haben die Kraft und das Kommen unseres Herrn Jesus Christus; sondern wir haben seine Herrlichkeit mit eigenen Augen gesehen. Denn er empfing von Gott, dem Vater, Ehre und Preis durch eine Stimme, die zu ihm kam von der großen Herrlichkeit: Dies ist mein lieber Sohn, an dem ich Wohlgefallen habe. Und diese Stimme haben wir gehört vom Himmel kommen, als wir mit ihm waren auf dem heiligen Berge. Umso fester haben wir das prophetische Wort, und ihr tut gut daran, dass ihr darauf achtet als auf ein Licht, das da scheint an einem dunklen Ort, bis der Tag anbreche und der Morgenstern aufgehe in euren Herzen. Und das sollt ihr vor allem wissen, dass keine Weissagung in der Schrift aus eigener Auslegung geschieht. Denn es ist noch nie eine Weissagung aus menschlichem Willen hervorgebracht worden, sondern getrieben von dem Heiligen Geist haben Menschen im Namen Gottes geredet.

2. Petrus 1,16-21

Wenn aber Menschen die Autoren und Redakteure der biblischen Schriften sind, dann sind diese doch nicht Gottes Wort, oder? Doch. Gott redet zu Menschen und durch Menschen auf für uns Menschen verständliche Weise. Das entspricht der Art, wie Gott sich in der Geschichte offenbart hat. Er hat die Welt durch sein Wort ins Dasein gerufen. Er spricht zu den Menschen und beauftragt sie, die Erde zu bebauen und zu bewahren. Und als die Menschen durch Anmaßung und Gottvergessenheit sich selbst als Götter aufspielen, beruft Gott den Abraham und bildet das Volk Israel, um die Welt zu retten. Er beruft Mose und rettet Israel aus der Sklaverei in Ägypten. Er schließt mit Israel seinen Bund und gibt ihm die Gebote als Lebensregeln. Immer redet und handelt Gott durch Menschen und treibt seine Geschichte zu seinen Zielen voran.

Deshalb ist es wichtig, auch das Alte Testament zu lesen. Dort erfahren wir, dass Gott nicht in philosophischen Gedankensystemen zu erkennen ist, sondern immer nur durch sein Reden und Handeln in der Geschichte.

Der Höhepunkt – oder der Tiefpunkt? – ist erreicht, als Gott in Jesus von Nazareth Mensch wird.

> Das Wort ward Fleisch und wohnte unter uns, und wir sahen seine Herrlichkeit.
>
> *Johannes 1,14*

Gott redet also nicht nur aus dem Jenseits durch Propheten wie über eine Lautsprecheranlage. Er kommt selbst auf diese Erde und redet als Mensch zu uns. Darüber hinaus gebraucht er Menschen an bestimmten Orten zu bestimmten Zeiten in bestimmten Lebensumständen und sagt durch sie sein ewig gültiges Wort. Wir können uns an diesem Wort orientieren. Es ist und bleibt Gottes Wort.

Vielleicht ist es hilfreich, wenn wir uns den Unterschied im Verständnis von Bibel und Koran vergegenwärtigen. Nach islamischer Lehre ist der Koran Gottes Wort, weil Gott dem Propheten Mohammed diesen Text unter weitgehender Ausschaltung seiner menschlichen Mitwirkung offenbart hat. Der Erzengel Gabriel – so heißt es in der islamischen Tradition – habe Mohammed umarmt und gepresst, sodass er wie ohnmächtig das Wort empfing und weitergab. Dahinter steht die Auffassung, dass Gottes Wort durch aktive menschliche Beteiligung an Qualität und Gültigkeit verlieren würde. Deshalb ist es im Islam auch nicht erlaubt, die Entstehung der Texte des Korans historisch zu erforschen und zu deuten.

Bei der Bibel ist es ganz anders. Das Studium der Zeitgeschichte hilft zum besseren Verständnis der biblischen Schriften. Es hilft beispielsweise dabei, wenn man die Situation in der Gemeinde von Korinth besser verstehen möchte, an die Paulus seine Briefe schreibt.

Genauso ist es gut, die Arbeitsweisen der Bauern zur Zeit Jesu zu kennen, um seine Gleichnisse besser zu verstehen. Wieso sät der Bauer den Samen auch auf den Weg, wo ihn die Vögel leicht aufpicken können? Das macht bei uns doch kein vernünftiger Bauer. In Israel aber wurde erst gesät und dann die dünne Erdkruste umgepflügt. Nach der Ernte hatten die Leute häufig als Abkürzung einen Pfad quer über das Feld getrampelt. Dann säte der Bauer – natürlich auch auf den Trampelpfad – und pflügte anschließend den Boden um. Inzwischen waren die Vögel gekommen und hatten sich auf dem Weg an den Samenkörnern bedient (Matthäus 13,4).

Zerstörerische Bibelkritik

Seit etwa 300 Jahren gibt es eine kritische Art der Bibelforschung, die bei vielen das Vertrauen in die Bibel zerstört. Das berechtigte

Studieren der historischen Umstände kippte um und man behandelte die Bibel wie ein ganz normales literarisches Produkt, als hätten allein Menschen es geschrieben. Gott kann nie Gegenstand der wissenschaftlichen Forschung sein – weder der naturwissenschaftlichen noch der historischen, psychologischen oder soziologischen –, weil er nicht Bestandteil seiner Schöpfung ist. Wir Menschen können nur die Dinge und Ereignisse in der sichtbaren Welt mit unseren menschlichen Instrumenten und Methoden erforschen. Gott selbst, sein Reden und Handeln, können wir nicht untersuchen, höchstens die Folgen und Wirkungen.

Wird ein Mensch vom Wort Gottes getroffen und reagiert darauf, kann man die Folgen beobachten. Wenn jemand bezweifelt, dass Gott diese Folgen bewirkt hat, wird er nach psychologischen oder sozialen Ursachen suchen. Er wird Erklärungen präsentieren, die einleuchtend erscheinen. Ist damit bewiesen, dass Gott nicht geredet und gehandelt hat? Nein, überhaupt nicht. Es ist lediglich bewiesen, dass der Mensch nur Irdisches und Menschliches erforschen und deuten kann, wenn er Gott nicht kennengelernt hat.

Ein Philosoph und Theologe namens Ernst Troeltsch (1865–1923) hat zu Anfang des 20. Jahrhunderts Erfordernisse beschrieben, die nach seiner Ansicht erfüllt sein müssen, damit ein Ereignis als historisch tatsächlich geschehen beurteilt werden kann. Vor allem zwei Gesichtspunkte er spricht von Postulaten – sollten als Maßstab gelten:

Erstens: Man muss die Ursachen für ein Geschehen nachweisen können. In der Physik ging man damals noch davon aus, dass die ganze Wirklichkeit durch den Ursache-Wirkungs-Zusammenhang (Kausalität) bestimmt sei. Diese Sicht der Wirklichkeit hat sich durch die Quantenphysik zwar verändert, aber die meisten Menschen, die davon nichts wissen, gehen immer noch von den alten Voraussetzungen aus. Was man also nicht aus erkennbaren Ursachen erklären kann, gibt es demnach nicht.

Das zweite Erfordernis besteht gemäß dieser Anschauung darin, dass ein Geschehen wiederholbar sein muss. Es muss in einem anderen Zusammenhang auch vorgekommen sein oder muss in der Gegenwart und Zukunft wiederholt werden können, am besten unter kontrollierbaren Versuchsbedingungen in einem Labor (Postulat der Analogie).

Nach diesen Maßstäben kann die Auferweckung des gekreuzigten Jesus kein historisches Ereignis gewesen sein, weil wir sie nicht aus natürlichen Ursachen erklären können und weil wir sie nicht im Labor wiederholen können. Wer auf diese Weise die Schublade baut, in die er die Wirklichkeit sperrt, kommt natürlich zu den Ergebnissen, die er sich wünscht.

Jeder ist frei, sich ein Weltbild nach seinen Vorstellungen und Wünschen zu zimmern. Jeder Materialist hat die Freiheit zu behaupten, dass es nur das gibt, was man messen kann. Allerdings darf man so etwas nicht als Wissenschaft verkaufen. Es ist ein unbewiesener Glaube.

Leider hat das Bedürfnis vieler Theologen, für ihre eigene Arbeit im Wissenschaftsbetrieb der Universitäten Anerkennung zu finden, dazu geführt, dass sie die Bibel auf das schrumpfen ließen, was man mit historischen und literaturwissenschaftlichen Methoden erforschen kann. Wunder werden demnach von vorneherein nicht als historische Tatsachen angesehen. Die Auferweckung Jesu erst recht nicht. Der Grundsatz wissenschaftlicher Forschung lautet: Forschen, »als ob es Gott nicht gäbe« (lateinisch: *etsi deus non daretur*). Wer die Bibel jedoch von vornherein atheistisch liest und versteht, wird bestenfalls bei den seelischen Regungen religiöser Persönlichkeiten landen, nicht aber bei Gott.

Bekehrung ist nach der Bibel die Änderung der Lebensrichtung um 180 Grad. Vorher lebten wir von Gott weg, jetzt leben wir mit ihm zu ihm hin. Diese grundsätzliche Richtungsänderung betrifft auch unser Denken. Der lebendige Gott ist Fundament, Zentrum und Ziel unsers Denkens, Wollens und Handelns.

Noch eine Anmerkung, damit es kein Missverständnis gibt. Es ist völlig in Ordnung, dass wissenschaftlich geforscht wird, »als gäbe es Gott nicht«. Denn Gott lässt sich nie zum Gegenstand unserer Untersuchung erniedrigen. Man kann ihn nicht sezieren wie eine Leiche. Verantwortliche Wissenschaftler behaupten heute aber auch nicht, dass sie die ganze Wirklichkeit beschreiben. Der Physiker Werner Heisenberg war es wohl, der die Unterscheidung ausdrücklich formuliert hat: Die Physiker beschreiben ein Naturbild; sie behaupten nicht mehr, wie noch zu Beginn des 20. Jahrhunderts, dass sie ein umfassendes Weltbild beschreiben können.

Wenn ein Naturwissenschaftler oder Historiker oder Psychologe oder Sozialwissenschaftler dennoch behauptet, er könne ein umfassendes Weltbild beschreiben, dann hat er den Bereich der Wissenschaft verlassen und den der Weltanschauung und des Glaubensbekenntnisses betreten. Das sollte er fairerweise auch sagen.

Wozu brauchen wir noch das Alte Testament?

Wenn Paulus an seinen Mitarbeiter Timotheus schreibt, alle Schrift sei von Gott eingegeben, wörtlich eingehaucht (2. Timotheus 3,16), dann meint er damit das Alte Testament. Die Schriften des Neuen Testaments wurden damals nämlich gerade erst geschrieben.

Gottes Geist hat aber nicht nur bei der Entstehung der Bibel mitgewirkt. Er ist auch wirksam, wenn wir die Bibel lesen. Das ist ihr Geheimnis. Der Heilige Geist ist kein »Etwas«, sondern Gott selbst, der durch die Bibel zu uns heute redet. Er eröffnet uns die Bibel und das Verständnis für sie, wie der auferstandene Jesus es bei seinen zweifelnden Jüngern getan hat. Wir können das im Lukasevangelium nachlesen: Jesus begleitet zwei Jünger, die sich enttäuscht und verwirrt von Jerusalem auf den Weg nach Emmaus gemacht haben. Allerdings gibt er sich ihnen nicht zu erkennen. Er fragt sie und hört ihren enttäuschten Worten zu. Dann geht er sie ziemlich hart an. Lesen wir den Bericht (Lukas 24,13-32):

> Und siehe, zwei von ihnen gingen an demselben Tage in ein Dorf, das war von Jerusalem etwa zwei Wegstunden entfernt; dessen Name ist Emmaus. Und sie redeten miteinander von allen diesen Geschichten. Und es geschah, als sie so redeten und einander fragten, da nahte sich Jesus selbst und ging mit ihnen. Aber ihre Augen wurden gehalten, dass sie ihn nicht erkannten. Er sprach aber zu ihnen: Was sind das für Dinge, die ihr miteinander verhandelt unterwegs? Da blieben sie traurig stehen. Und der eine, mit Namen Kleopas, antwortete und sprach zu ihm: Bist du der Einzige unter den Fremden in Jerusalem, der nicht weiß, was in diesen Tagen dort geschehen ist? Und er sprach zu ihnen: Was denn? Sie aber sprachen zu ihm: Das mit Jesus von Nazareth, der ein Prophet war, mächtig in Tat und Wort vor Gott und allem Volk; wie ihn unsre Hohenpriester und Oberen zur Todesstrafe überantwortet und gekreuzigt haben. Wir aber hofften, er sei es, der Israel erlösen werde. Und über das alles ist heute der dritte Tag, dass dies geschehen ist. Auch haben uns erschreckt einige Frauen aus unserer Mitte, die sind früh bei dem Grab gewesen, haben seinen Leib nicht gefunden, kommen und sagen, sie haben eine Erscheinung von Engeln gesehen, die sagen, er lebe. Und einige von uns gingen hin zum Grab und fanden's so, wie die Frauen sagten; aber ihn sahen sie nicht. Und er

sprach zu ihnen: O ihr Toren, zu trägen Herzens, all dem zu glauben, was die Propheten geredet haben! Musste nicht der Christus dies erleiden und in seine Herrlichkeit eingehen? Und er fing an bei Mose und allen Propheten und legte ihnen aus, was in allen Schriften von ihm gesagt war. Und sie kamen nahe an das Dorf, wo sie hingingen. Und er stellte sich, als wollte er weitergehen. Und sie nötigten ihn und sprachen: Bleibe bei uns; denn es will Abend werden und der Tag hat sich geneigt. Und er ging hinein, bei ihnen zu bleiben. Und es geschah, als er mit ihnen zu Tisch saß, nahm er das Brot, dankte, brach's und gab's ihnen. Da wurden ihre Augen geöffnet, und sie erkannten ihn. Und er verschwand vor ihnen. Und sie sprachen untereinander: Brannte nicht unser Herz in uns, da er mit uns redete auf dem Wege und uns die Schrift öffnete?

Jesus begegnet später am gleichen Tag seinem ganzen Jüngerkreis und beweist sich als der Auferstandene. Auch ihnen erklärt er anhand der Schrift – des Alten Testamentes –, was geschehen ist und was geschehen wird (Lukas 24,44-47):

Er sprach aber zu ihnen: Das sind meine Worte, die ich zu euch gesagt habe, als ich noch bei euch war: Es muss alles erfüllt werden, was von mir geschrieben steht im Gesetz des Mose und in den Propheten und Psalmen. Da öffnete er ihnen das Verständnis, dass sie die Schrift verstanden, und sprach zu ihnen: So steht's geschrieben, dass Christus leiden wird und auferstehen von den Toten am dritten Tage; und dass gepredigt wird in seinem Namen Buße zur Vergebung der Sünden unter allen Völkern.

In beiden Berichten »öffnet« Jesus den Hörern die Schrift, das heißt, er hilft ihnen dabei zu verstehen, was sie bedeutet. Darauf sind wir auch heute noch angewiesen und dürfen damit rechnen und darum bitten. Wir sind nicht mit den Papierseiten und Druckbuchstaben allein, wenn wir die Bibel lesen. Gott sei Dank.

Jesus erklärt seinen zweifelnden Jüngern anhand des Alten Testamentes, warum er leiden musste. Die Notwendigkeit des Weges zum Kreuz ergibt sich aus der gesamten Geschichte Gottes mit der Welt und mit Israel: Gott erniedrigt sich selbst aus Liebe und macht die Menschen zu seinem Gegenüber (Ebenbild, Spiegelbild), als er sie erschafft. Er redet mit ihnen, beauftragt sie. Das Wort seiner Liebe wird jedoch abgelehnt und missbraucht. Die Boten, seine Propheten, werden misshandelt. Sein Wort gerät unter die Räder. Aber Gott lässt in seiner Liebe nicht nach. Das Wort wird Mensch in Jesus Christus.

Als Vikar begegnete ich in Jerusalem 1965 dem inzwischen verstorbenen iranischen Bischof Hassan Dehqani-Tafti. Er war ursprünglich Muslim. Im Prozess seiner Bekehrung zu Jesus Christus hat er sehr mit der Frage gerungen, warum Jesus gekreuzigt wurde. Der Koran lehrt in Sure 4 nämlich, dass Jesus nicht am Kreuz gestorben sei. Gott sei allmächtig und weise. Deshalb hätte er nie zulassen können, dass sein Prophet getötet wird. In einem kleinen, kostbaren Buch mit dem Titel »Bild meiner Welt«[8] schrieb Hassan Dehqani-Tafti einen Satz, der für mich seit vielen Jahren das Leiden und Sterben von Jesus erläutert: »Wenn Liebe auf Rebellion trifft, kann das Ergebnis nichts anderes als Leiden sein.«

Das Alte Testament schildert die Liebesgeschichte Gottes mit der Welt und mit seinen Menschen. Weil Gott uns nicht mit dem verdienten Gericht straft, sondern selbst aus Liebe an unserer Stelle das Gericht tragen will, muss er den Weg ins Leiden gehen. Das ist die Logik der Liebe Gottes. Schon im Alten Testament (z. B. Jesaja 53 – der leidende Gottesknecht) wird das angekündigt.

Ohne die Vorgeschichte des Alten Testaments begreifen wir auch den Weg von Jesus nicht. Wir verstehen nicht, dass er der Messias Gottes, der »Menschensohn« (das ist die Bezeichnung für den Weltherrn und Weltrichter nach Daniel 7,13-14) und der leidende Gottesknecht ist. Wer das Alte Testament nicht liest, wird das Neue Testament sogar missverstehen. Die Nazis haben das Alte Testament als Buch der Juden beschimpft und in der Folge die Botschaft von Jesus entsetzlich verzerrt und verfälscht.

In einem Gespräch mit jüdischen Theologen sagte Jesus:

> Ihr sucht in den Schriften, denn ihr meint, ihr habt das ewige Leben darin; und sie sind's, die von mir zeugen.
>
> *Johannes 5,39*

Auch hier wird noch einmal deutlich: Wir müssen das Alte Testament lesen, wenn wir das, was wir im Neuen Testament über Jesus erfahren, verstehen wollen.

Im Alten Testament lernen wir, dass Gott zugleich der liebende Retter und der heilige Richter ist. Gerade die schrecklichen Berichte über Gottes Gerichte weisen auf das Kreuz hin, an dem Gott selbst in Jesus das Gericht an unserer Stelle trägt. Die Behauptung, im Alten Testament würde ein Rache-Gott gezeigt, im Neuen Testament der Gott der Liebe, ist blanker Unsinn.

> »Ich habe dich je und je geliebt, darum habe ich dich zu mir gezogen aus lauter Liebe«, steht im Alten Testament (Jeremia 31,3; eigene Übersetzung). »Schrecklich ist's, in die Hände des lebendigen Gottes zu fallen« (Hebräer 10,31), und: »Irret euch nicht! Gott lässt sich nicht spotten.

Denn was der Mensch sät, das wird er ernten«, steht im Neuen Testament (*Galater 6,7*).

Wir brauchen das Alte Testament auch, um mit Zuversicht den Weg der Nachfolge bis zum Ziel der neuen Welt Gottes zu gehen. Paulus schreibt an die Christen in Rom, was sie davon haben, wenn sie das Alte Testament lesen:

> Denn was zuvor geschrieben ist, das ist uns zur Lehre geschrieben, damit wir durch Geduld und den Trost der Schrift Hoffnung haben.
>
> *Römer 15,4*

Im Alten Testament studieren wir den Weg des Volkes Gottes durch Anfechtung und Gottes rettendes Eingreifen hindurch, durch Niederlagen und Siege, durch eigene Untreue und die Treue Gottes. Das ist wie ein Landkartenstudium für unseren Weg mit Jesus durch unsere Zeit und Welt.

Jesus öffnet uns den Zugang ins Alte Testament. Ohne ihn dürften wir die Geschichte Gottes mit Israel gar nicht als unsere Vorgeschichte betrachten. Auf ihn läuft alles zu. Damit findet vieles in Jesus seine Erfüllung, was im Alten Testament Ankündigung oder modellhafte Vorabbildung oder vorausgeworfener Schatten ist.

Die Opfergottesdienste finden durch den gekreuzigten Jesus Erfüllung und Ende. Jesus ist nicht nur der vollkommene Hohepriester, sondern auch das fehlerlose Versöhnungsopfer. Wir lesen also die Bibeltexte über den Opfergottesdienst als Hinweise auf Jesus.

Die Kriege und grauenhaften Gerichte, die Gott durch Israel, aber auch gegen Israel anordnet, zeigen uns die Heiligkeit Gottes, der nie zum Komplizen unserer Lüge und unseres Unrechts wird.

Gott ist nicht der Nikolaus, nicht der »liebe Gott«, den keiner wirklich ernst nimmt. Diese Heiligkeit Gottes erkennen wir auch in der Kreuzigung Jesu. In Jesus trägt Gott selbst das Gericht, das wir verdient haben. Der Tod Jesu ist kein Deal zwischen dem Vater und dem Sohn. Wer sich empört, dass Gott grausam das blutige Opfer seines Sohnes verlange, um uns vergeben zu können, hat nichts von der Bibel verstanden. »Wer mich sieht, der sieht den Vater«, sagt Jesus (Johannes 14,9). Jesus ist nicht nur ein Prophet oder Lehrer, durch den Gott eine Nachricht mitteilen lässt. Nein, Gott selbst ist in ihm und handelt.

Das Alte Testament dürfen und müssen wir also aus der Hand Jesu nehmen. Dietrich Bonhoeffer hat in einer wunderbaren Auslegung der Psalmen gezeigt, dass Jesus selbst die Psalmen betete. Er allein ist der fehlerlose Gerechte, der sich in den Psalmen äußert. Am Kreuz trägt er den Fluch über die Gottlosen, der in den Psalmen manchmal so erschreckend scharf formuliert wird. Auch die Psalmen dürfen wir daher im Namen von Jesus beten.

Welche Übersetzung soll ich lesen?

Man muss sich einmal vergegenwärtigen, dass es erst in den letzten 200 Jahren möglich wurde, dass jeder seine eigene Bibel besitzen und lesen kann. Heute gibt es viele verschiedene Ausgaben, die den Lesegewohnheiten unterschiedlicher Zielgruppen Rechnung tragen. Das ist wunderbar. Wir haben also keinen Grund, die Bibel nicht zu lesen. Wer sich mit dem Lesen schwertut, kann zur Hörbibel greifen. Neulich erzählte mir eine Frau ganz begeistert, wie gern sie in der Kinderbibel liest. Lesen ist für viele Menschen heute ungewohnt. Da ist jede Erleichterung willkommen.

Mit der Reformation gelang der Durchbruch, dass die Bibel in viele Sprachen der Welt übersetzt wurde. Bis dahin gab es vor allem die lateinische Übersetzung, die für die Masse der Menschen natürlich nicht verständlich war.

Es gibt immer noch Volksgruppen, in deren Sprache es keine ganze Bibel gibt. Auf Deutsch dagegen existieren neben der Übersetzung von Martin Luther, die inzwischen sehr stark modernisiert wurde, viele andere gute Übersetzungen. Die Einheitsübersetzung wurde von katholischen und evangelischen Wissenschaftlern gemeinsam herausgegeben, wird aber vor allem in der katholischen Kirche gebraucht. In den reformierten Kirchen ist die Zürcher Übersetzung verbreitet. Die Elberfelder Bibel gilt als eine besonders wortgetreue Übersetzung. Darüber hinaus gibt es eine Reihe sehr gut lesbarer und in heutigem Deutsch gehaltene Bibelübersetzungen: die Gute Nachricht Bibel, Hoffnung für alle, Neues Leben Bibel, Neue Genfer Übersetzung …

Sind so viele verschiedene Übersetzungen nötig? Nicht unbedingt. Aber die Vielfalt nimmt uns die letzte Ausrede, es gäbe keine Bibel, die wir verstehen könnten.

Doch wie erklären sich die Unterschiede in den Übersetzungen? Wer einmal eine Fremdsprache gelernt hat, weiß, dass es nie nur eine richtige Übersetzungsmöglichkeit für einen Text gibt. Für ein griechisches Wort kann es mehrere deutsche Wörter geben, die jeweils eine andere Nuance der griechischen Bedeutung wiedergeben. Manche kompakte Ausdrucksweise der griechischen Sprache wird in deutschen Übersetzungen durch ausführlichere Umschreibungen übersetzt – in der Hoffnung, dass der Text dadurch besser verständlich wird.

Luther hat zum Beispiel im Römerbrief die Worte »die Gerechtigkeit Gottes« mit »die Gerechtigkeit, die vor Gott gilt« wiedergegeben. Er hat damit bereits eine Auslegung geboten. In manchen modernen Übersetzungen werden schwierige biblische Texte in verständliches Zeitungsdeutsch übertragen. Das ist dann leichter lesbar. Manchmal wird aber auch der Inhalt entschärft oder verflacht.

Wie kann man prüfen, ob eine Übersetzung zutreffend ist? Wer nicht Griechisch und Hebräisch gelernt hat, kann verschiedene deutsche Übersetzungen miteinander vergleichen. Die Abweichungen sind meist keine Gegensätze, sondern gute Ergänzungen. Es ist wie bei einem geschliffenen Diamanten, der unterschiedlich aussieht, wenn man ihn von verschiedenen Seiten betrachtet. Aber es ist ein und derselbe Diamant.

Für ein besseres und tieferes Erfassen des Bibeltextes ist es auch hilfreich, eine englische, französische, spanische oder andere Übersetzung parallel zu lesen, wenn man eine dieser Sprachen beherrscht. Die vielen verschiedenen Ausgaben sind eine echte Hilfe und Bereicherung, von der frühere Generationen von Christen nur träumen konnten. Dass man mittlerweile fast alle diese Übersetzungen auch im Internet finden kann, ist noch ein zusätzlicher Vorteil (z. B. unter www.bibleserver.com). Heute kann man zudem alle möglichen Übersetzungen auf dem Smartphone stets griffbereit haben.

Allerdings, die vielen verschiedenen Möglichkeiten allein reichen noch nicht. Wir müssen schon selbst die Entscheidung treffen, zu lesen und uns urteilsfähig zu machen. Um regelmäßig dranzubleiben, gibt es viele verschiedene Hilfen:

Da sind zunächst einmal die ganz praktischen Bibelesepläne. Der am weitesten verbreitete Plan wird jedes Jahr von der Ökumenischen Arbeitsgemeinschaft Bibellesen herausgegeben (man findet ihn auch in den »Losungen« der Herrnhuter Brüdergemeine). Folgt man ihm, wird man in vier Jahren durchs Neue Testament und in acht Jahren durch große Teile des Alten Testamentes geführt.

Es gibt zu diesem Bibelleseplan auch kurze Auslegungen für jeden Tag. Sie sollen das Lesen des Bibeltextes nicht ersetzen, sondern zum besseren Verstehen helfen.

Wer nicht acht Jahre warten will, bis er einmal durch die Bibel gekommen ist, dem ist eine Jahresbibel zu empfehlen. Hier sind die

Bibeltexte für jeden Tag so zusammengestellt, dass man in einem Jahr die ganze Bibel gelesen hat. Es lohnt sich.

Für ein gründlicheres Studium einzelner biblischer Texte oder Bücher eignen sich allgemein verständlich geschriebene Kommentare, z. B. die »Wuppertaler Studienbibel«. Ein sinnvolles Handwerkzeug für das Bibelstudium ist auch eine Konkordanz, in der die Bibelstellen zu bestimmten Wörtern zu finden sind (z. B. alle Bibelstellen, in denen das Wort Licht vorkommt). Auch ein Bibelatlas und ein Bibellexikon, das Namen und wichtige Begriffe erklärt, helfen weiter. An guten und preiswerten Hilfsmitteln, auch für den Computer, fehlt es jedenfalls nicht.

Was sonst noch hilft

Doch was haben die vielen Generationen von Christen vor uns gemacht, die von diesen Möglichkeiten nicht einmal träumen konnten, die in der Regel nicht einmal eine eigene Bibel besessen haben? Ganz einfach, sie haben sich regelmäßig getroffen. Sie haben sich die Bibel gegenseitig vorgelesen, miteinander darüber gesprochen und gebetet. Vor allem aber haben sie viel auswendig gelernt.

Diese Technik dürfen wir auch heute nicht unterschätzen, wo das Auswendiglernen ziemlich aus der Mode gekommen ist und uns deshalb schwerfällt. Auf Englisch gibt es dafür den schönen Ausdruck *to know by heart* (wörtlich: von Herzen kennen). Nur was wir im Gedächtnis haben und vom Herzen her kennen, werden wir im Alltag auch anwenden können. Wenn wir in schwierige Lagen geraten, können wir ja nicht eben nach Hause fahren und die Bibel und Hilfsliteratur studieren. Wir müssen den Inhalt der Bibel möglichst weitgehend und tief verinnerlichen, damit wir für entscheidende Situationen gewappnet sind. Ich rate daher dringend, regelmäßig einzelne Bibelverse oder auch wichtige Abschnitte auswendig zu lernen.

So wichtig es ist, täglich und regelmäßig in der Bibel zu lesen, so wichtig ist es auch, die Bibel nicht nur allein zu lesen. Absolut notwendig sind daher regelmäßige Bibelgesprächsgruppen oder Hauskreise. Dort kann man sich über einen Bibeltext austauschen und gemeinsam überlegen, wie man ihn ins Leben übertragen kann. Man kann sich gegenseitig auf seinem Weg mit Gott unterstützen und füreinander da sein.

Ich weiß von manchen, die auch die persönliche Stille Zeit nur dadurch zu einer guten Gewohnheit ihres Lebens machen konnten, weil sie sich über Wochen morgens mit einem anderen getroffen haben, um gemeinsam in der Bibel zu lesen. Für Schüler und Studenten ist das sicherlich relativ einfach zu organisieren. Aber auch Berufstätige werden Wege finden, sich zu helfen.

Eine wichtige Ergänzung zum persönlichen Bibellesen und zum Austausch über Bibeltexte mit anderen Christen und in Gruppen ist die vertiefende Bibelauslegung, die in der Predigt im Gottesdienst oder in einem zentralen Gemeindebibelabend geschieht. Ich bin immer begeistert, wenn ich in Asien und Afrika, auch in Amerika sehe, wie selbstverständlich Christen ihre Bibel mit in den Gottesdienst bringen. Sie folgen der Auslegung des Pastors, indem sie die entsprechenden Stellen selbst nachschlagen. Umgekehrt ist das wiederum auch ein guter Prüfstein für den Pastor: Jeder Prediger muss seine Botschaft für die Hörer nachvollziehbar aus der Bibel schöpfen. Wo das nicht geschieht, ist etwas faul.

Und wenn Sie in der Predigt etwas nicht verstanden haben oder nicht sehen können, wie eine Aussage durch den Bibeltext begründet ist, dann scheuen Sie das Fragen nicht. Die meisten Prediger werden sich freuen, wenn sie gefragt werden und zum besseren Verstehen helfen können.

Die Bibel nimmt uns in Gottes Geschichte mit der Welt hinein. Alles ist auf die Zukunft ausgerichtet. Was aber kommt auf uns zu? Können wir das wissen? Wie sollen wir uns darauf einstellen? Mit diesen Fragen beschäftigen wir uns in den beiden nächsten Kapiteln.

FRAGE 15

Was hat die Zukunft
mit schwarzen Schwänen zu tun?

Nassim Nicholas Taleb hat den Bestseller »Der Schwarze Schwan:
Die Macht höchst unwahrscheinlicher Ereignisse« geschrieben.[9]
Der Autor wurde 1960 im Libanon in einer einflussreichen grie-
chisch-orthodoxe Familie geboren. Er lebte in den USA, arbeitete
in verschiedenen Wall-Street-Firmen als Finanzexperte, stieg dann
um und erregte mit seinen Forschungen und Texten über die Wirkung von unvorhergesehenen Ereignissen Aufsehen.

Seine Überlegungen sind durch Erfahrungen in der Finanz-
welt ausgelöst worden. Aber sie sind für alle erhellend, die sich der
Frage stellen: Wie kann man das Leben planen, ohne zu wissen,
was kommt?

Schon immer haben Menschen versucht, die Zukunft zu erforschen. Seit Jahrtausenden waren Astronomie und Astrologie eng
miteinander verbunden. Die Astrologie ist immer noch ein blühen-
des Geschäft. In der Neuzeit hat sich die Zukunftsforschung mit
wissenschaftlichem Anspruch entwickelt, die nicht mit dem trüben
Geschäft der Astrologie verwechselt werden möchte.

Wenn wir nicht wissen, was morgen kommt, können wir nur
mit dem Wissen arbeiten, das wir in der Vergangenheit erworben haben. Taleb fragt: »Wie können wir auf der Grundlage von

Wissen aus der Vergangenheit die Zukunft erkennen?« Europäer waren lange Zeit sicher, dass alle Schwäne weiß seien, bis sie im 17. Jahrhundert nach Australien kamen und schwarze Schwäne sahen. Überraschung! Schwarze Schwäne stehen heute sprichwörtlich für unvorhergesehene Ereignisse.

Im Rückblick auf das 20. Jahrhundert müssen wir heute feststellen, dass die vielen Vorhersagen, die zu Beginn des Jahrhunderts gemacht wurden, nicht eines der wichtigen Ereignisse im Blick hatten, die dann tatsächlich den Lauf der Geschichte bestimmten. Nicht die beiden Weltkriege, nicht den Aufstieg und Fall des Nationalsozialismus oder des Kommunismus, nicht den Neuaufbruch des Islam, nicht die Erfindung des Internets. Zu Beginn des 21. Jahrhunderts hatte niemand auf dem Schirm, dass eine Pandemie durch ein Virus Sars-CoV-2 die gesamte Welt erschüttern beziehungsweise lähmen würde.

Wir neigen trotzdem zu der trügerischen Vorstellung, man könnte durch Hochrechnungen aus der Vergangenheit die Zukunft erkennen. Die verblüffende Genauigkeit von Wahlprognosen, die am Wahlabend um Punkt 18 Uhr veröffentlicht werden, scheinen diese Neigung zu unterstützen.

Taleb hat in seinem Bestseller auf das Beispiel vom Truthahn zurückgegriffen, das schon der britische Philosoph Bertrand Russell (1872–1970) gebraucht hat. Der Truthahn wird traditionell in Nordamerika am Thanksgiving Day (Erntedank) in den Familien gegessen, vergleichbar mit der Weihnachtsgans in Deutschland.

Taleb schreibt: »Wir wollen uns einen Truthahn vorstellen, der jeden Tag gefüttert wird. Jede einzelne Fütterung wird die Überzeugung des Vogels stärken, dass es die Grundregel des Lebens ist, jeden Tag von freundlichen Vertretern der Menschheit gefüttert zu werden … Am Nachmittag des Mittwochs vor dem Erntedankfest wird dem Truthahn dann etwas Unerwartetes widerfahren, und er wird seine Überzeugung revidieren müssen.«[10] »Wie können wir auf der Grundlage von Wissen aus der Vergangenheit die Zukunft erkennen? ... Was kann ein Truthahn aus den Ereignissen von gestern über das lernen, was der nächste Tag ihm bringen wird? Eine ganze Menge, vielleicht, aber mit Sicherheit ein bisschen weniger, als er glaubt, und gerade dieses ›bisschen weniger‹ kann entscheidend sein.«[11]

Später fügt er hinzu: »In gewisser Weise ist mir nur eins wichtig: Entscheidungen zu treffen, ohne der Truthahn zu sein.«[12] Was aber heißt das?

Taleb kritisiert an den Versuchen, die Zukunft zu berechnen, dass dabei Durchschnittswerte aus der Vergangenheit in die Zukunft projiziert werden. Die Geschichte werde aber außergewöhnlich stark durch die unvorhergesehenen Ausreißer bestimmt. Kennzeichen der sogenannten »Schwarzen Schwäne« sind erstens ihre Seltenheit, zweitens ihre enorme Auswirkung und drittens nachträgliche Erklärungen. Nachher wird behauptet, man hätte sie vorhersehen können.

»Ich finde es skandalös, dass wir trotz unserer schlechten Ergebnisse weiter Prognosen machen, als wären wir dabei gut, und dazu Mittel und Methoden benutzen, die seltene Ereignisse ausschließen.«[13] »Das Problem mit den Experten ist, dass sie nicht wissen, was sie nicht wissen.«[14]

Taleb spottet über frühere Kollegen: »Falls Sie aus dem Munde eines ›prominenten‹ Wirtschaftswissenschaftlers die Wörter Gleichgewicht oder Normalverteilung hören, sollten Sie keinen Streit mit ihm anfangen. Ignorieren Sie ihn einfach oder versuchen Sie, ihm eine Ratte in den Kragen zu stecken.«[15]

Wie kann man das Leben planen, ohne zu wissen, was kommt?

Bevor wir uns dieser Frage zuwenden, möchte ich noch drei Aussagen von Nassim Nicholas Taleb zu bedenken geben:

»Ich weiß, dass die Geschichte von einem unwahrscheinlichen Ereignis beherrscht werden wird, doch ich weiß nicht, was für ein Ereignis das sein wird.«[16]

»Das Fazit lautet: Seien Sie vorbereitet! Engstirnige Vorhersagen haben eine schmerzlindernde oder therapeutische Wirkung. Hüten Sie sich vor dem betäubenden Effekt magischer Zahlen. Seien Sie auf alle relevanten Eventualitäten vorbereitet.«[17]

»Wir vergessen schnell, was für ein außergewöhnlicher Glücksfall es schon ist, dass wir überhaupt leben, ein äußerst unwahrscheinliches Ereignis, ein Zufall von gigantischen Proportionen. ... Denken Sie daran, dass Sie ein Schwarzer Schwan sind.«[18]

Taleb nennt es einen außergewöhnlichen Glücksfall und einen Zufall von gigantischen Proportionen, dass wir leben. Was aber ist ein Zufall? Das ist nur ein Wort für etwas, das wir nicht erklären können. Es ist uns einfach zugefallen. Woher ist es gekommen? Warum ist es zu uns gekommen? Wir wissen es nicht. Oder wollen wir es nicht wissen?

In der Bergpredigt spricht Jesus auch vom Zufall:

Darum sage ich euch: Sorgt euch nicht um euer Leben, was ihr essen und trinken werdet; auch nicht um euren Leib, was ihr anziehen werdet. Ist nicht das Leben mehr als die Nahrung und der Leib mehr als die Kleidung? ... Nach dem allen trachten die Heiden. Denn euer himmlischer Vater weiß, dass ihr all dessen bedürft. Trachtet zuerst nach dem Reich Gottes und nach seiner Gerechtigkeit, so wird euch das alles zufallen. Darum sorgt nicht für morgen, denn der morgige Tag wird für das Seine sorgen. Es ist genug, dass jeder Tag seine eigene Plage hat.

Matthäus 6,25.32-34

Die Zeiten sind vorbei, in denen man einfach mit dem Strom der Mehrheit der Gesellschaft zu einem Glauben an Gott getrieben wurde. Manche behaupten, es habe solche Zeiten gegeben. Ich weiß es nicht. Heute jedenfalls ist der Strom der Mehrheitsmeinung durch die Weltanschauung der »abgeschlossenen Diesseitigkeit« – so der Philosoph Charles Taylor – bestimmt. Der Glaube an Gott ist eine gesellschaftliche Randerscheinung, eine Geschmackssache, eine Dekoration, nicht das Fundament des Lebens.

Jesus aber ruft uns auf, dass Gottes Herrschaft höchste Priorität in unserem Leben haben soll, weil er der Schöpfer, Herr, Erlöser und Vollender des Lebens ist. Er ruft nicht nur dazu auf, er versöhnt uns durch sein Sterben und Auferstehen mit Gott, damit wir in der Gemeinschaft mit dem lebendigen Gott leben können. Dann wird uns alles, was zum Leben nötig ist, zufallen, sagt Jesus. Zufallen bedeutet hier, dass Gott es uns geben wird.

Für eine gottvergessene Welt in ihrer »abgeschlossenen Diesseitigkeit« ist die Offenbarung Gottes in Jesus Christus wie ein Schwarzer Schwan. Wir haben uns im Kapitel über die Bibel damit beschäftigt, dass leider bis in die Theologie und die Kirchen das Analogie-Prinzip (Wiederholbarkeit muss möglich sein) und Kausalitäts-Prinzip (der Ursache-Wirkung-Zusammenhang muss nachweisbar sein) bestimmt, was als Realität anerkannt wird. Wer mit dieser weltanschaulichen Brille die Bibel liest, macht die großen Taten Gottes von der Schöpfung bis zur Auferweckung Jesu zu Legenden und Märchen, also zu menschlichen Erfindungen. Durch die gleiche Brille schaut er auch in die Zukunft. Er rechnet nicht mit den Schwarzen Schwänen.

Jesus hat diese Lebenseinstellung als Dummheit bezeichnet. Er berichtet von einem reichen Landwirt, der nach guten Ernten Lagerhäuser baute, um Vorsorge für die Zukunft zu treffen. Der Mann erscheint uns als ein verantwortlicher Unternehmer. Jesus lässt ihn ein Selbstgespräch führen:

> … und will sagen zu meiner Seele: Liebe Seele, du hast einen großen Vorrat für viele Jahre; habe nun Ruhe, iss, trink und habe guten Mut! Aber Gott sprach zu ihm: Du Narr! Diese Nacht wird man deine Seele von dir fordern; und wem wird dann gehören, was du bereitet hast? So geht es dem, der sich Schätze sammelt und ist nicht reich bei Gott.
>
> *Lukas 12,19-21*

Der Mann rechnet nicht damit, dass nach seinem Tod nur das Vermögen gilt, das vor Gott Bestand hat. Reich bei Gott sein – was ist das? Das Evangelium insgesamt gibt die Antwort. Durch die Vergebung der Sünden dürfen wir in der Gemeinschaft mit Gott leben. Diese Gemeinschaft kann auch der Tod nicht zerstören, obwohl wir im Sterben unseren Körper, unseren Besitz und die geliebten Menschen zurücklassen müssen. Es bleibt, was wir nach dem Willen Gottes aus Liebe getan haben. Jesus selbst sorgt dafür, dass es nicht vergeblich ist.

> Gott aber sei Dank, der uns den Sieg gibt durch unsern Herrn Jesus Christus! Darum, meine lieben Brüder und Schwestern, seid fest und unerschütterlich und nehmt

immer zu in dem Werk des Herrn, denn ihr wisst, dass
eure Arbeit nicht vergeblich ist in dem Herrn.

1. Korinther 15,57-58

In der Offenbarung des Johannes (14,13) lesen wir:

Und ich hörte eine Stimme vom Himmel zu mir sagen:
Schreibe: Selig sind die Toten, die in dem Herrn sterben
von nun an. Ja, der Geist spricht, dass sie ruhen von ihren
Mühen; denn ihre Werke folgen ihnen nach.

Die Werke gehen nicht voran, um die Tür in Gottes Herrlichkeit
zu öffnen. Wir werden durch Gnade und Vergebung der Schuld
gerettet. Aber was wir aus Liebe nach dem Willen Gottes tun, geht
nicht verloren. Das ist Reichtum bei Gott.

Können wir wissen, was kommt, oder nicht? Die herrschende Weltanschauung der »abgeschlossenen Diesseitigkeit« sagt
uns, dass wir nicht wissen, was kommt. Sie verführt uns daher,
die Durchschnittswerte der Vergangenheit in die Zukunft hochzurechnen. Damit beruhigen wir uns auf trügerische Weise, um
dann durch Katastrophen – weltweit und auch im persönlichen
Leben – überrascht zu werden.

Wir sollten wenigstens mit unserem Tod rechnen, weil wir um
uns herum sehen, dass dauernd Menschen sterben. Allerdings
leben die meisten so, als würden sie nie sterben. Wieso?

Die Schweizer Sterbeforscherin Elisabeth Kübler-Ross hat schon
vor vielen Jahren festgestellt, warum Menschen sich irgendwie doch
für unsterblich halten. Alle erleben zwar, dass dauernd Menschen
sterben, aber bisher waren es immer die anderen, nicht sie selbst.

Im Unbewussten scheinen wir Menschen daraus zu folgern, dass es uns nicht trifft, weil es uns ja bisher nie getroffen hat.

Weil das allzu menschlich ist, betete schon Mose:

> Lehre uns bedenken, dass wir sterben müssen, auf dass wir klug werden.
>
> *Psalm 90,12*

Wir haben es nötig, von Gott selbst gelehrt zu werden, unsere Tage zu zählen, wie es im hebräischen Text des Psalms wörtlich heißt. Wir tun es nicht von selbst. Wir können es nicht automatisch. Wenn wir es nicht lernen, leben wir wie die Truthähne oder Weihnachtsgänse. Völlig unbegründet verhalten wir uns nach dem Motto: Ist bisher gut gegangen, wird auch weiter gut gehen. Wer aber nicht vom Ziel her denkt und lebt, ist dumm. Er unterscheidet nicht, was wichtig und unwichtig, was richtig und falsch, was zielführend und irreführend ist.

Die Tatsache unseres Sterbens können wir alle voraussehen. Allerdings nicht den Zeitpunkt. Zu keiner Zeit des Lebens sind wir vor dem Sterben sicher. Aber verwunderlich muss doch sein, wenn Menschen im Alter von 70 oder 80 Jahren immer noch so leben, als müssten sie nicht sterben. Dabei besteht die eigentliche Herausforderung des Sterbens darin, dass unser Leben unwiderruflich enden wird und wir vor Gottes Gericht treten müssen. Wir alle werden dem Schöpfer über unser Leben Rechenschaft geben müssen.

Die Bibel gibt uns klare Auskunft über die Maßstäbe des Gerichtes Gottes. Nur durch Jesus werden wir im Gericht bestehen können.

Das Ende der Welt

Jesus spricht nicht nur vom Ziel unseres persönlichen Lebens, sondern auch vom Ziel der Welt. Er selbst wird zum Weltgericht kommen. Er nennt auch die Zeichen der Zeit, die uns darauf aufmerksam machen (Matthäus 24). Er mahnt uns zur Wachsamkeit und zu einem verantwortlichen Leben. Aber er warnt ausdrücklich vor jeder Berechnung.

> Von dem Tage aber und von der Stunde weiß niemand,
> auch die Engel im Himmel nicht, auch der Sohn nicht,
> sondern allein der Vater.
>
> *Matthäus 24,36*

In der Geschichte der Christenheit hat es trotzdem viele Versuche der Berechnung gegeben. Sie waren alle falsch und führten viele Christen in die Irre. Es ist nicht leicht, die Spannung auszuhalten: einerseits für das Kommen des Weltrichters bereit zu sein, andererseits auf schwärmerische Spekulationen zu verzichten und nüchtern die Hoffnungsarbeit zu tun, die der Herr von seinen Leuten erwartet.

Jesus hat die kurzsichtige Erwartungslosigkeit einer Gesellschaft in der »abgeschlossenen Diesseitigkeit« vorausgesagt. Nichts Neues unter der Sonne!

> Denn wie es in den Tagen Noahs war, so wird auch sein
> das Kommen des Menschensohns. Denn wie sie waren
> in den Tagen vor der Sintflut – sie aßen, sie tranken, sie
> heirateten und ließen heiraten bis an den Tag, an dem
> Noah in die Arche hineinging; und sie beachteten es nicht,

bis die Sintflut kam und raffte sie alle dahin –, so wird es auch sein beim Kommen des Menschensohns. ... Darum seid auch ihr bereit! Denn der Menschensohn kommt zu einer Stunde, da ihr's nicht meint.

Matthäus 24,37-44

Das normale Leben mit seinen Freuden und Herausforderungen ermüdet uns Tag für Tag. Es fällt uns dadurch nicht schwer, weiterführende und selbstkritische Gedanken auszublenden. Wir haben genug damit zu tun, den Alltag zu bewältigen. Allerdings wäre zur Bewältigung des Alltags der Blick auf das Ziel unseres Lebens und der Welt dringend nötig und sehr hilfreich.

Nicht vermessen, aber mit Zuversicht leben

Ich schreibe diese Zeilen im Sommer 2020. Wir haben im Frühjahr dieses Jahres erlebt, dass Planungen aller Art einfach aus dem Kalender gestrichen wurden. Wir haben so etwas vorher nicht für möglich gehalten. Die Folgen für Millionen Menschen waren und sind verheerend. Wird sich die Lage verbessern oder verschlimmern? Wie wird die Situation bei uns und in der Welt in einem oder zwei Jahren sein?

Erschreckend wahr sind die Sätze des Apostels Jakobus, des leiblichen Bruders Jesu, der auch Leiter der ersten Gemeinde in Jerusalem war:

Wohlan nun, die ihr sagt: Heute oder morgen wollen wir in die oder die Stadt gehen und wollen ein Jahr dort zubringen und Handel treiben und Gewinn machen –, und wisst nicht, was morgen sein wird. Was ist euer Leben? Dunst seid ihr, der eine kleine Zeit bleibt und dann verschwindet. Dagegen solltet ihr sagen: Wenn der Herr will, werden wir leben und dies oder das tun. Nun aber rühmt ihr euch in eurem Übermut. All solches Rühmen ist böse.

Jakobus 4,13-16

Was bedeutet es für die Gestaltung unseres Lebens, wenn wir mit unserem Tod rechnen? Ist der Tod das Ende? Kommt danach noch etwas? Kann man etwas darüber wissen?

FRAGE 16

Was kommt nach dem Tod?

»Wissen wir nicht. Es ist noch keiner zurückgekommen.« Der Spruch stimmt nicht ganz, wie wir sehen werden. Aber davon abgesehen gibt es hartnäckig verteidigte Behauptungen über das, was danach kommt oder nicht kommt. Klar, wenn wir nichts Genaues wissen, werden wir trotzdem angesichts des Todes von Ängsten oder Wünschen umgetrieben. Ich beobachte einige typische Wunschvorstellungen.

Typische Wunschvorstellungen

Die erste: Mit dem Tod ist alles aus. Der Körper verwest oder wird verbrannt. Es gibt die Person nicht mehr. Es gibt zwar Auswirkungen ihres Lebens, die negativ oder positiv, unterschiedlich groß und von unterschiedlicher Dauer sein können. Es bleiben Erinnerungen bei noch lebenden Menschen. Aber die Person selbst gibt es nicht mehr.

Das ist für viele die bevorzugte Wunschvorstellung. Wenn sie sich tatsächlich erfüllt, ist der Mensch nach seinem Tode niemandem mehr verantwortlich. Folglich kann er auch vor seinem Tod tun, was er will, solange ihn andere nicht daran hindern. Wenn das

Leben aus irgendwelchen Gründen unerträglich wird, kann er es beenden, um alle Schmerzen und Schwierigkeiten endgültig los zu sein. Mit jedem Selbstmord ist der Wunsch verbunden, das Leben mit seinen unlösbaren Nöten endgültig auszulöschen und nichts mehr damit zu tun zu haben.

Auch viele Menschen, die gut und gern leben, finden diese Vorstellung sympathisch. Sie haben nicht den Wunsch, nach dem Tode weiterzuleben. Sie schöpfen das Leben aus, solange es ihnen zur Verfügung steht. Sie arrangieren sich damit, dass alles irgendwann ein Ende hat. Gefühlsmäßig könnte ich mich dieser Vorstellung anschließen.

Wo liegt das Problem? Das Problem liegt in der Frage: Was wird tatsächlich geschehen? Ist es wahr, dass mit dem Tod alles aus ist und der Mensch sich selbst los wird? Der Wunsch garantiert ja nicht seine Erfüllung.

Die zweite Wunschvorstellung: Es muss doch irgendwie weitergehen, sonst wäre unser Leben sinnlos. Diese Antwort tröstet alle, die sich mit dem Gedanken nicht abfinden können, dass sie nichts mehr sind als ihr Körper, der nach dem Tod verwest.

Ich werde eine Diskussion mit Studenten nicht vergessen, die genau um diese Frage ging. Eine Studentin sagte sinngemäß: »Man kann einen doch nicht tot wegtun und dann ist nichts mehr!« Ein Student entgegnete: »Warum nicht? Nimm dich doch nicht so wichtig!«

Auch hier gilt: Der Wunsch nach Weiterleben, so verständlich er sein mag, garantiert nicht seine Erfüllung. Außerdem stellt sich noch die Frage, wie es weitergehen wird.

In den asiatischen Religionen wird gelehrt, dass wir Menschen nach dem Tod als andere Lebewesen wiedergeboren werden. Als Lebewesen, denen es besser oder schlechter geht als im vorigen Leben, je nachdem, wie sie früher gelebt haben. Jedes Leben ist nur eine Durchgangsstation. Irgendwann soll das einzelne Lebewesen im absoluten Bewusstsein – so die indischen Religionen – oder im Nirwana – so im Buddhismus – aufgehen. Der Mensch löst sich dann wie ein Wassertropfen im Meer auf. Weil das individuelle Leben mit Leiden verbunden ist, wird das Auslöschen des Einzelwesens als Erlösung verstanden. Diese Erlösung muss man sich allerdings durch gute Lebensführung oder durch verschiedene Meditationswege gewissermaßen erarbeiten.

In westlichen Gesellschaften sind die asiatischen Vorstellungen in verharmlosten Formen aufgenommen worden. Man bemüht sich nicht ernsthaft um Erlösung, man praktiziert Meditation vor allem zur Entspannung und als Mittel gegen Stress.

Auch bei dieser Wunschvorstellung stellt sich die Frage: Was geschieht wirklich? Die Wirklichkeit wird sich nicht nach unseren Wünschen richten. Wie aber sollen wir mit den verschiedenen Vorstellungen umgehen? Sollen wir streiten, wessen Wünsche in Erfüllung gehen?

Warum streiten?

Niemand wird gern zugeben, dass seine Zukunftserwartungen nur Wunschvorstellungen sind. Für alle Anschauungen werden Begründungen angeboten. Die gilt es zu prüfen.

Nach allem, was ich in diesem Buch geschrieben habe, wird es Sie, liebe Leser, nicht überraschen, dass ich an ein Leben nach dem Tod glaube. Wenn ich nur meiner Gefühlslage gefolgt wäre, würde ich der Anschauung zustimmen, dass mit dem Tod alles aus ist. Wenn ich wüsste, dass diese Anschauung der Wirklichkeit entspricht, hätte ich damit kein Problem. Ich könnte mich darauf einstellen. Ich würde versuchen, sinnvoll zu leben, wie viele es tun. Ich würde behaupten, dass es keinen für alle verbindlichen Lebenssinn gibt und dass jeder vor sich selbst für sein Leben verantwortlich ist. Es ist heute durchaus angesagt, zur eigenen Sicht der Dinge zu stehen, aber zugeben zu können, dass alles auch ganz anders sein könnte.

Warum tue ich das nicht? Der Grund heißt Jesus Christus.

Der Durchbruch durch die Todesmauer

Die wichtigste Botschaft der Bibel lautet: Gott hat den gekreuzigten Jesus Christus am dritten Tag vom Tod auferweckt. Sein Leichnam wurde an einem Freitagnachmittag in ein Felsengrab gelegt. Am frühen Sonntagmorgen entdeckten Frauen, dass sein Grab leer war. Bald danach begegnete der auferstandene Jesus der Maria Magdalena. Die Angabe des »dritten« Tages entsprach der jüdischen Zählung. Der erste Tag, der Freitag, wurde ganz gezählt, auch wenn er schon zum großen Teil vergangen war. Auch der dritte Tag, Sonntag, wurde ganz gezählt, obwohl er gerade erst begonnen hatte.

Die Zeugen fanden sein Grab leer. Das heißt, sie fanden den Leichnam von Jesus nicht darin. Aber sie fanden überraschenderweise die Leinentücher, in die der Leichnam eingewickelt worden war, und das Tuch, mit dem der Kopf des Leichnams umwickelt war, zusammengefaltet daneben (Johannes 20,6-8). Dieses Indiz sprach klar gegen die Behauptung, der Leichnam sei gestohlen worden. Diese Behauptung wurde ja von den Machthabern bald verbreitet (Matthäus 28,11-15).

Der auferstandene Jesus ist zuerst Frauen, dann auch Männern aus seinem Schülerkreis leibhaftig begegnet. Er hat mit ihnen gesprochen und gegessen. Dies geschah in einem Zeitraum von 40 Tagen an verschiedenen Orten zu verschiedenen Zeiten mit verschiedenen Personen. Einige werden in den Berichten des Neuen Testamentes namentlich genannt, andere werden in Gruppen zusammengefasst. Besonders interessant: Paulus schrieb wahrscheinlich im Jahr 54 n. Chr. einen Brief an die christliche Gemeinde in der griechischen Hafenstadt Korinth. Darin nennt er Zeugen, die den auferstandenen Jesus gesehen haben. In seiner Aufzählung schreibt er auch von einer Gruppe

> von mehr als fünfhundert Brüdern auf einmal, von denen
> die meisten noch heute leben, einige aber sind entschlafen.
>
> *1. Korinther 15,6*

Ein wichtiges Indiz für die Glaubwürdigkeit der Berichte in den vier Evangelien ist die Nennung der Frauen als Zeugen der Auferstehung. In der damaligen Zeit wurden vor Gericht Aussagen von Frauen nicht als gültige Zeugenaussagen anerkannt. Warum nennen die Verfasser der Evangelien trotzdem die Frauen als die ersten Zeugen des leeren Grabes und des auferstandenen Jesus? Weil sie eben tatsächlich zuerst das leere Grab und den auferstandenen Jesus gesehen haben. Weil Paulus in seinem Korintherbrief gegen Leugner der Auferstehung gerichtsverwertbar argumentiert, nennt er nur die männlichen Zeugen (1. Korinther 15,5-8).

Die Auferstehung von Jesus war nicht nur die Wiederbelebung eines Toten, der dann für einige Zeit lebte und später endgültig starb. Sie war der grundsätzliche Durchbruch durch die Todesmauer. Der auferstandene Jesus ist der Erste in der neuen Schöpfung Gottes. Die Fortsetzung seiner Auferstehung geschieht mit der Auferweckung aller Toten, wenn Jesus wiederkommt, um die Welt zu richten und die neue Welt zu schaffen. Wie das geschehen wird, lesen wir in verschiedenen Texten der Bibel: 1. Korinther 15; Offenbarung 20–22 und öfter.

Weil Jesus der Sieger über den Tod ist, weiß er, was nach dem Tod kommt. Er ist nicht darauf beschränkt, nur Wünsche oder

Ängste hochzurechnen. Dass und wie wir zur Gewissheit kommen können, dass Jesus wirklich die Offenbarung des lebendigen Gottes in Person ist, habe ich in einem früheren Kapitel erklärt. Jetzt möchte ich die Frage beantworten, was uns nach den Aussagen von Jesus nach unserem Tod erwartet.

Wir sind verantwortlich

Der Wunsch, dass wir bei unserem Tod wie eine Kerze erlöschen und uns selbst los sind, wird nicht in Erfüllung gehen. Wir werden Gott, unserem Schöpfer und Richter, begegnen und ihm für unser Leben Rechenschaft ablegen. Gott hat uns als seine Gegenüber und Ebenbilder geschaffen. Er hat zu uns gesprochen und wir dürfen und müssen ihm antworten. Er hat uns als seine Geschäftsführer in seiner Welt beauftragt und gesegnet. Wir sind nicht Marionetten, sondern seine Bundespartner. Gott ist der Eigentümer der Welt und unseres Lebens. Wir sind ihm als Geschäftsführer verantwortlich. Das ist unsere Menschenwürde. Gott garantiert unsere Menschenwürde, indem er uns im Gericht zur Verantwortung zieht.

Das ist eine gute Botschaft. Jesus hat darum in der Bergpredigt denen gratuliert, die nach Gerechtigkeit hungern und dürsten. Er hat ihnen versprochen, dass Gott sie sättigen wird (Matthäus 5,6). Millionen Menschen hungern und dürsten nach Gerechtigkeit. Als Täter des Unrechts versuchen wir uns zwar immer wieder aus der Verantwortung zu schleichen. »Gesellschaft der Schuldlosen«, hat das der verstorbene Politikwissenschaftler Prof. Iring Fetscher einmal genannt. Keiner will es gewesen sein. Wir wälzen die Verantwortung von uns ab auf die gesellschaftlichen Umstände oder die Gene oder wer weiß was. Aber wir vernichten unsere Menschenwürde, wenn wir unsere Verantwortlichkeit verneinen.

Der Wunsch, dass wir noch einmal als ein anderes Lebewesen auf die Welt kommen, wird von Jesus als falsch entlarvt. Unser Leben ist einmalig und endgültig. Mit unserem Tod wird es unwiderruflich enden.

Es ist auffällig, wie oft und wie deutlich Jesus vom Gericht Gottes spricht. Oft in ausgesprochen drohendem Ton. Er spricht vom doppelten Ausgang der Weltgeschichte nach dem Weltgericht. Die einen gehen ins ewige Leben in vollendeter Gemeinschaft mit Gott, die anderen in ewige Verdammnis getrennt von Gott. Jesus redet sogar von ewiger Strafe. Wie kann Jesus, der als die Liebe Gottes in Person Mensch wird, in so schroffer und drohender Weise reden? Die Antwort lautet: aus Liebe. Er sagt die Wahrheit aus Liebe. Er will retten. Er ist gekommen, um zu retten. Er will nicht, dass jemand verloren geht.

Indem ich diese Sätze schreibe, ist mir bewusst, dass sie in unserer Gesellschaft bei vielen auf heftigen Widerspruch stoßen. Auch bei denen, die lobende Worte über Jesus als Propheten der Liebe und Gerechtigkeit haben. Ich kann nur empfehlen, die vier Evangelien in der Bibel zu lesen und den Originalton von Jesus zu hören. Wir sind auf Gottes Offenbarung in Jesus angewiesen.

Ein Mann fragte mich am Telefon: »Wie kann Gott es aushalten, dass Menschen, die er geschaffen hat und liebt, in Ewigkeit verdammt und von ihm getrennt sind?« Die Frage quälte ihn. Er ist nicht der Einzige, der denkt, dass eine ewige Verdammnis nicht mit der Liebe des allmächtigen Gottes vereinbar sei. Um diesen quälenden Widerspruch aufzulösen, sind tiefsinnige Anschauungen über eine Allversöhnung entwickelt worden.

Ich muss zugeben, dass ich auf diese Frage wahrscheinlich keine beruhigende Antwort geben kann. Ich lese im Wort Gottes, dass Gott will, dass alle Menschen gerettet werden und zur Erkenntnis der Wahrheit kommen. Diese Wahrheit ist, dass die Rettung allein durch Jesus geschieht (1. Timotheus 2,4-6). Zugleich lese ich, dass

Jesus eindeutig vom Gericht und der ewigen Verdammnis spricht (Matthäus 25,41.46; 7,13-14 und öfter). Jesus hat keine beruhigende Erklärung zur Auflösung dieser Spannung gegeben. Aber er hat seinen Jüngern den klaren Auftrag gegeben:

> Geht hin in alle Welt und verkündet das Evangelium der ganzen Schöpfung. Wer glaubt und getauft wird, wird gerettet werden, wer aber nicht glaubt, der wird verdammt werden.
>
> *Markus 16,15-16; eigene Übersetzung*

Ja, es ist berechtigt, dass wir über die Möglichkeit der ewigen Verdammnis erschrecken. Dieses Erschrecken soll uns antreiben, allen Menschen aus Liebe die Botschaft vom Retter Jesus zu sagen. Leider müssen wir heute beobachten, dass nicht wenige in den Kirchen meinen, das Problem anders lösen zu können: Sie bestreiten, dass es ein Weltgericht Gottes und eine ewige Verdammnis geben wird, und sehen Mission mit dem Ruf zur Bekehrung und zum Glauben als unnötig und unangemessen an. Ich halte das für eine verhängnisvolle Fehlentscheidung.

Versöhnt sterben

Weil Jesus am Kreuz stellvertretend für uns das Gericht Gottes getragen hat, dürfen wir Vergebung unserer Schuld erfahren. Wir werden begnadigt und versöhnt mit Gott, wenn wir unsere Sünden bekennen und um Vergebung bitten. Das gilt so gewiss, wie Gott den gekreuzigten Jesus durch die Auferweckung bestätigt hat. Und der zur Rechten Gottes erhöhte Jesus spricht uns durch den

Heiligen Geist zu, dass wir Gottes Kinder sind und nichts uns von Gottes Liebe trennen kann (Römer 8,1. 16. 31-39).

Diese versöhnte Gemeinschaft mit Gott nennt die Bibel ewiges Leben, weil dieses Leben die Qualität des ewigen Gottes hat. Das ewige Leben beginnt in dem Augenblick, in dem ein Mensch umkehrt, Vergebung seiner Sünden empfängt und Jesus nachfolgt. Die Qualität des ewigen Lebens beweist sich in einem veränderten Leben. Der Geist Gottes treibt Jesus-Jünger an, den Willen Gottes kennenzulernen und zu tun. Er erfüllt mit Liebe, Freude und Beharrlichkeit (Galater 5,22). Er tröstet nach Niederlagen und stärkt in Kämpfen. Der Heilige Geist ist wie eine Abschlagszahlung auf die zukünftige Herrlichkeit (Römer 8,23).

Ewiges Leben ist krisenfest, weil Jesus den Tod besiegt hat. Das gilt für die Krisen, die uns im Leben vor dem Tod nicht erspart bleiben. Auch der Tod kann die Gemeinschaft mit Jesus nicht zerstören. Er kann uns fast alles nehmen, unser leibliches Leben, geliebte Menschen, unseren Besitz, unsere unerledigten Pläne. Aber er kann uns nicht von Jesus trennen.

Darum kann Paulus schreiben:

Christus ist mein Leben, und Sterben ist mein Gewinn.

Philipper 1,21

Sterben ist für Jesus-Leute also nicht der Totalverlust, sondern der Beginn einer intensiveren Jesus-Beziehung. Immer und immer wieder wird in der Bibel betont: Mit Jesus zusammen zu sein ist das Wesentliche am Leben des Jesus-Jüngers auch nach dem Tod. Wir werden ihn sehen, wie er ist. Das ist jetzt unseren Sinnen in der raumzeitlichen Welt diesseits des Todes noch nicht möglich. Weil unser Vorstellungsvermögen ganz durch die vergängliche Welt geprägt ist, können wir uns ewiges Leben ohne die Einschränkungen durch Sünde und Vergänglichkeit nicht vorstellen.

Einerseits sagt uns Gottes Wort, dass die Gemeinschaft mit Jesus auch durch den Tod nicht zerrissen, sondern sogar intensiviert wird. Andererseits redet das Wort Gottes aber auch davon, dass die neue Welt Gottes erst nach der Auferstehung aller Toten und dem Weltgericht am Ende der Geschichte geschaffen wird. Ist das nicht ein Widerspruch? Wo sind die Gestorbenen in der Zwischenzeit? Befinden sie sich in einem Zwischenzustand? Der Ausdruck »Zwischenzeit« zeigt, dass unsere Vorstellungen ganz und gar an die Zeit gebunden sind. Wir können uns Gottes Ewigkeit nicht vorstellen. Dass alle Zeitpunkte der Weltgeschichte für Gott gleich gegenwärtig sind und Gott auch an allen Orten im Weltraum zugleich gegenwärtig sein kann, ist für uns unvorstellbar. Darum gibt es keine unsere Vorstellungen befriedigende Antwort auf den genannten scheinbaren Widerspruch. Wir müssen ihn nicht durch Spekulationen auflösen. Wir dürfen einfach beide Zusagen wie die zwei Seiten der gleichen Münze zusammenhalten.

Jesus hat dem Verbrecher am Kreuz neben ihm zugesagt:

> Wahrlich, ich sage dir: Heute wirst du mit mir im
> Paradies sein.
>
> *Lukas 23,43*

So lesen wir im Wort Gottes immer wieder, dass wir mit Jesus zusammenbleiben werden und nichts uns von ihm trennen kann.

Zugleich freuen wir uns auf die Vollendung der Weltgeschichte durch die Wiederkunft Jesu, die Auferstehung aller Toten, das Weltgericht und den neuen Himmel und die neue Erde. Jesus hat gesagt, dass Gott unseren Hunger und Durst nach Gerechtigkeit stillen wird. Die neue Welt Gottes wird als eine Welt beschrieben, in der Gerechtigkeit wohnt (2. Petrus 3,13). Paulus schreibt, dass wir an der königlichen Regierung Jesu teilnehmen werden (2. Timotheus 2,12). Unser Leben wird also sehr aktiv und unternehmerisch sein, ohne die negativen Erfahrungen, die in der von Sünde bestimmten Welt unweigerlich mit Herrschaft verbunden sind.

Zuversichtlich leben und getrost sterben

Den Christen hat man oft den Vorwurf gemacht, dass sie die Menschen auf den Himmel vertrösten, damit sie sich mit dem Elend in dieser Welt abfinden und nicht für die Veränderung der ungerechten Verhältnisse kämpfen. Darauf gebe ich eine doppelte Antwort.

Erstens: Es gibt tatsächlich Beschwernisse, die wir nicht ändern können. Dagegen helfen keine Illusionen. Wer ein Leben ohne Leid und Not in dieser Welt verspricht, der lügt. Einige revolutionäre Bewegungen der Neuzeit sind mit dem Versprechen einer gerechten Gesellschaft angetreten, in der alle Menschen glücklich leben würden. Sie sind in Strömen von Blut, in Straflagern, Kriegen und Massenmorden geendet. Da lobe ich mir den Realismus und die Hoffnung des Apostels Paulus:

> Denn ich bin überzeugt, dass dieser Zeit Leiden nicht ins Gewicht fallen gegenüber der Herrlichkeit, die an uns offenbart werden soll.
>
> *Römer 8,18*

Ja, wir Christen warten auf den neuen Himmel und die neue Erde, die Gott schaffen wird.

Die zweite Antwort schließt daran an: Diese Hoffnung macht uns getrost und befähigt uns, sogar in schweren Zeiten zuversichtlich zu leben und zu arbeiten.

Der Apostel Paulus ist für diese Lebenseinstellung ein hervorragendes Beispiel. Er schreibt seinen Brief an die Philipper aus dem Gefängnis. Darin beschreibt er als sein Lebensziel, dass Jesus verherrlicht – wörtlich: groß gemacht – werden soll, es sei durch Leben oder durch Sterben. Dann fährt er fort:

> Denn Christus ist mein Leben, und Sterben ist mein Gewinn. Wenn ich aber weiterleben soll im Fleisch, so dient mir das dazu, mehr Frucht zu schaffen; und so weiß ich nicht, was ich wählen soll. Denn es setzt mir beides hart zu: Ich habe Lust, aus der Welt zu scheiden und bei Christus zu sein, was auch viel besser wäre; aber es ist nötiger, im Fleisch zu bleiben um euretwillen. Und in solcher Zuversicht weiß ich, dass ich bleiben und bei euch allen sein werde, euch zur Förderung und zur Freude im Glauben.
>
> *Philipper 1,21-25*

Wer getrost sterben kann, kann auch zuversichtlich leben und arbeiten.

Ich traf in der Corona-Krisenzeit einen leitenden Mitarbeiter einer kleinen christlichen Gemeinde. Er hatte die negativen Folgen der Krise als selbstständiger Unternehmer durchaus schmerzhaft erlebt. Er berichtete zugleich von wunderbarer Durchhilfe. Er kümmerte sich um vereinsamte Menschen, die schwer unter der Isolierung und Angst litten. Er fand Wege, wie er mit seiner Gemeinde öffentlich wahrnehmbare Gottesdienste feiern konnte. Er sprach darüber mit den verantwortlichen Politikern in seinem Ort und Landkreis. Er ließ sich nicht einschüchtern. Er sagte mir lachend:

»Was kann uns passieren? Was sie für das Schlimmste halten, ist für uns die Abkürzung zum Ziel.«

Ich schreibe diese Zeilen in meinem 80. Lebensjahr. Ich bin mir bewusst, dass gemäß Psalm 90 meine Lebenszeit erfüllt ist. Ich nehme jeden Tag, den Gott mir zusätzlich gibt, am Morgen mit Dank aus seiner Hand und bitte Gott, dass ich diesen Tag nach seinem Willen leben kann. Ich empfinde es als großes Geschenk, dass ich in Vorfreude auf Gottes ewige Herrlichkeit unterwegs bin. Darum bete ich fast an jedem Morgen: »Ich aber will schauen dein Antlitz in Gerechtigkeit, ich will satt werden, wenn ich erwache, an deinem Bilde« (Psalm 17,15).

Mit Bestürzung beobachte ich, wie Menschen ohne gewisse Hoffnung über den Tod hinaus durch die Corona-Seuche in panische und lähmende Angst getrieben werden. Der Kampf um die Verlängerung des biologischen Lebens ist das höchste Ziel der Menschen, die in der »abgeschlossenen Diesseitigkeit« gefangen sind, wie der Philosoph Charles Taylor die heute herrschende Weltanschauung genannt hat. Es gibt leider Grund zu der Annahme, dass auch wir, die wir uns Christen nennen, stärker von dieser »abgeschlossenen Diesseitigkeit« und ihrer Gottvergessenheit bestimmt sind, als wir zugeben möchten.

Es ist Zeit, aus dieser Gefangenschaft auszubrechen. Jesus Christus, der Retter, ist da. Er ist gekommen, um uns aus der Gottvergessenheit und Gottesfeindschaft, aus dem Gericht Gottes und der ewigen Verdammnis zu retten. Jesus »erlöste, die durch Furcht vor dem Tod im ganzen Leben Knechte sein mussten« (Hebräer 2,15).

Ihn bekannt zu machen, ist die wichtigste Aufgabe der Christen und Kirchen. Jesus können wir vertrauen – aus gutem Grund.

Der dänische Philosoph Sören Kierkegaard (1813–1855) starb im Alter von 42 Jahren. Er bestimmte selbst die Liedstrophe, die auf seinem Grabstein in Kopenhagen steht. Deren deutsche Übersetzung setze ich mit voller Überzeugung an das Ende dieses Buches.

Noch eine kurze Zeit, dann ists gewonnen,
dann ist der ganze Streit in nichts zerronnen.
Dann darf ich laben mich an Lebensbächen
und ewig, ewiglich mit Jesus sprechen.[19]

Anmerkungen

[1] Horst-Eberhard Richter, Flüchten oder Standhalten, Psychosozial Verlag 1976.

[2] https://www.dpdhl.com/de/presse/specials/gluecksatlas.html; Zugriff am 20. 08. 2020.

[3] Dazu empfehle ich das Buch von John Lennox, Wozu Glaube, wenn es Wissenschaft gibt?, SCM R.Brockhaus 2020.

[4] Charles Taylor, Ein säkulares Zeitalter, Suhrkamp 2012.

[5] Gary Chapman, Die fünf Sprachen der Liebe: Wie Kommunikation in der Ehe gelingt, Francke 2003.

[6] Dieses Kapitel ist meinem früher erschienenen Buch »Christ.Glauben. Leben. Der Jesus-Weg«, SCM R.Brockhaus, 3. Auflage 2015, S. 67 ff., entnommen.

[7] In manchen Bibelausgaben finden sich zwischen dem Alten und Neuen Testament noch einige Schriften, die man Apokryphen nennt. Zur Erläuterung zitiere ich hier das Vorwort zu den Apokryphen aus der Bibel nach der Übersetzung Martin Luthers, Deutsche Bibelgesellschaft Stuttgart 1985: »›Das sind Bücher, so der Heiligen Schrift nicht gleich gehalten, und doch nützlich und gut zu lesen sind.‹ Mit diesen Worten kennzeichnete Dr. Martin Luther eine Reihe von Schriften, die im Inhaltsverzeichnis seiner Bibel zwar genannt, aber im Druck deutlich abgesetzt und nicht mitgezählt wurden. Sie kommen in der griechischen und lateinischen Übersetzung der Bibel vor, sind jedoch in der Sammlung der hebräischen Schriften des Alten Testaments nicht enthalten. Deshalb werden sie von den reformierten Kirchen nicht als biblisch im Vollsinn anerkannt, während die katholische Kirche sie im Konzil von Trient (1546) als vollwertige Bücher der Heiligen Schrift aufzählt. Der Grund für den größeren Umfang der griechischen und lateinischen Bibelübersetzungen ist darin zu suchen, dass beim offiziellen Abschluss der hebräischen Schriftensammlung (um 100 n. Chr.) im Griechisch sprechenden Judentum und im jungen Christentum noch weitere Bücher als heilige Schriften in Gebrauch waren. Für diese Bücher hat sich der Name Apokryphen, d. h. verborgene, von der öffentlichen Verbreitung ausgeschlossene Schriften, eingebürgert.« Zu diesen Schriften gehören das Buch Judit, die Weisheit Salomos, das Buch Tobias, das Buch Jesus Sirach, das Buch Baruch, das 1. und 2. Buch der Makkabäer, Stücke zum Buch Ester, Stücke zum Buch Daniel, das Gebet Manasses.

[8] Hassan Dehqani-Tafti, Bild meiner Welt, Evang. Missionsverlag 1960.

[9] Nassim Nicholas Taleb, Der Schwarze Schwan: Die Macht höchst unwahrscheinlicher Ereignisse, Carl Hanser Verlag 2008.

[10] Ebd., S. 61.

[11] Ebd., S. 62.
[12] Ebd., S. 72.
[13] Ebd., S. 171.
[14] Ebd., S. 186.
[15] Ebd., S. 258.
[16] Ebd., S. 193.
[17] Ebd., S. 251.
[18] Ebd., S. 358.
[19] Das Lied dichtete Hans Adolph Brorson (1694–1764), ein dänischer Bischof und Liederdichter. Die deutsche Übersetzung stammt wahrscheinlich von Hermann Gottsched, veröffentlicht 1905.

Ulrich Parzany

Man muss Gott mehr gehorchen als den Menschen. Ein Appell zum mutigen Bekenntnis

An Gott glauben und ihm gehorsam sein – was bedeutet das heute konkret? Kann man als Christ überhaupt immer sicher wissen, was von Gott her geboten ist? Ulrich Parzany ist überzeugt: Das kann man! Die Bibel vermittelt uns die Leitlinien und alle Grundlagen dafür. Er erläutert, was Wahrheit und Freiheit bedeuten.

Gebunden, 13,5 x 21,5 cm, 192 S., mit Schutzumschlag
Nr. 395.883
ISBN: 978-3-7751-5883-1

SCM
Hänssler

Ulrich Parzany

Was nun, Kirche?
Ein großes Schiff in Gefahr

Gottesdienste werden immer weniger besucht, viele
Menschen treten ganz aus der Kirche aus. Schonungslos
und pointiert legt der bekannte Pfarrer Ulrich Parzany
wunde Punkte offen. Gleichzeitig zeigt er, warum er der
Kirche dennoch treu bleibt. Es gibt Hoffnung – ergreifen
wir sie.

Gebunden, 13,5 x 21,5 cm, 208 S., mit Schutzumschlag
Nr. 395.792 | ISBN: 978-3-7751-5792-6

SCM
Hänssler

Ulrich Eggers (Hrsg.)

Gott suchen in der Krise
Glaube und Corona

Gott hat uns ein Leben in Fülle verheißen. Aber was ist mit der Corona-Pandemie? Wir wissen, dass Gott gut ist – aber wir wissen auch, dass vieles um und von ihm Geheimnis bleibt, das zu ertragen ist. Corona ist Anlass und Spiegel, grundsätzlich darüber nachzudenken, ob und wie der Glaube trägt. Namhafte Autorinnen und Autoren berichten ehrlich davon.

Klappenbroschur, 13,5 x 21,5 cm, 160 S.
Nr. 226.943 | ISBN: 978-3-417-26943-7